Wenn der Schlaf gestört ist

Wenn der Schlaf gestört ist

STIFTUNG WARENTEST

In Zusammenarbeit mit dem
Verein für Konsumenteninformation, Österreich

Ingrid Füller

Bibliografische Information Der Deutschen Bibliothek

Ausgaben für Deutschland:
Stiftung Warentest
ISBN 3-931908-72-0 (Br)
ISBN 3-931908-71-2 (Gb)

Ausgabe für Österreich:
ISBN 3-902273-04-6

Zu diesem Buch

Für viele Menschen bleibt das abendliche „Gute Nacht" nichts weiter als ein frommer Wunsch. Nach einer Studie des Max-Planck-Instituts für Psychiatrie in München gehören Schlafstörungen zu den häufigsten Beschwerden, über die Patienten in der hausärztlichen Praxis klagen: Rund 30 Prozent von ihnen können entweder lange Zeit nicht einschlafen oder wachen nachts wiederholt auf und finden danach nur schwer wieder in den Schlaf. Schlafmediziner schätzen, dass – alle westlichen Industrieländer zusammengerechnet – zirka 10 bis 15 Prozent der Bevölkerung an einer behandlungsbedürftigen Schlafstörung leiden.

Wer immer wieder schlecht schläft, hat nicht bloß eine Befindlichkeitsstörung. Denn auf das erholsame Drittel unseres Lebens, das wir im Schlaf verbringen, können wir nicht verzichten. Um gesund zu bleiben, brauchen wir es ebenso dringend wie Nahrung und Bewegung. Wird das Leiden bagatellisiert, falsch oder gar nicht behandelt, stellen sich Konzentrationsstörungen ein, die Abwehrkräfte werden geschwächt und die Anfälligkeit für körperliche und seelische Erkrankungen steigt. So können zum Beispiel Herz-Kreislauf-, Stoffwechsel- und Magen-Darm-Krankheiten entstehen – was wiederum ein erhöhtes Sterblichkeitsrisiko mit sich bringen kann.

Viele Menschen haben nach erfolglosen Selbstbehandlungsversuchen und einer jahrelangen Odyssee durch verschiedene Arztpraxen die Hoffnung aufgegeben, jemals wieder gut schlafen zu können. Diese Resignation ist unnötig, denn Hilfe ist möglich. In den vergangenen Jahren haben die Deutsche und die Österreichische Gesellschaft für Schlafforschung und Schlafmedizin durch gezielte Informations- und Fortbildungsveranstaltungen erreicht, dass das Problembewusstsein sowohl in medizinischen Fachkreisen als auch bei den Krankenkassen zunimmt. Die Zahl der Schlafambulanzen und Schlaflabore, in denen Schlafstörungen genau diagnostiziert und Patienten adäquat behandelt werden können, wächst ständig. Außerdem liegen neue wissenschaftliche Studien über den Zusammenhang zwischen Schlaf und Leistungsfähigkeit vor, die inzwischen auch von der Arbeitswelt wahrgenommen werden. Hinzu kommt, dass neue Therapien entwickelt wurden, die sich auch bei chronischen Schlafproblemen bewährt haben. Schlaflosigkeit ist also behandelbar und kein Grund zur Resignation.

Der Ratgeber

- führt ein in das „geheimnisvolle Drittel“ unseres Lebens,
- erläutert die herausragende Bedeutung des Schlafes für die körperliche und seelische Gesundheit,
- beschreibt die unterschiedlichen Schlaftypen,
- vermittelt neue Erkenntnisse über die gesundheitsfördernde und leistungssteigernde Wirkung der „Siesta“ am Mittag,
- erklärt, wie unsere „inneren Uhren“ funktionieren und was in diesem Zusammenhang beispielsweise Schichtarbeit und Jetlag bedeuten,
- weist auf Schlaf„vernichter“ und Schlafförderer hin,
- informiert detailliert über Ursachen und Folgen von Schlafstörungen,
- zeigt wirksame Möglichkeiten der Selbsthilfe auf,
- liefert eine kritische Bewertung der am häufigsten verwendeten Schlafmittel,
- macht deutlich, wann die Behandlung in einer Schlafambulanz erforderlich ist, und was dort geschieht.

Inhalt

Schlafen und Wachen – ein biologischer Rhythmus

Der Schlaf ist für den ganzen Menschen, was das Aufziehen für die Uhr.
Arthur Schopenhauer

Wir leben und arbeiten nach der äußeren Uhr. Das Gespür für unsere innere Uhr kommt uns dabei häufig abhanden. Für unsere Gesundheit kann das fatale Folgen haben, denn unser Organismus schwingt in einem anderen Rhythmus als der Takt der Rundum-Gesellschaft: Er ist abhängig von Tages-, Monats- und Jahreszeiten. In diesem naturgegebenen Rhythmus hat – und braucht – alles seine Zeit: arbeiten, essen, verdauen ebenso wie schlafen, wachen und ruhen. Wenn es uns gelingt, unsere äußeren Rhythmen besser auf die inneren abzustimmen, leben wir nicht nur gesünder, sondern sind auch leistungsfähiger und effizienter bei unserer Arbeit.

Unsere inneren Uhren

Der Chronobiologie verdanken wir wichtige Erkenntnisse über unsere biologischen Rhythmen. Das Wort Chronos stammt aus dem Griechischen und bedeutet Zeit. Wie Zeit und Leben zusammenhängen und in welchen zeitlichen Abfolgen biologische Prozesse verlaufen, ist Forschungsgegenstand dieser noch recht jungen Wissenschaft. Allerdings vermuteten Wissenschaftler schon im 18. und 19. Jahrhundert, dass körperliche Funktionen an bestimmte Tageszeiten gekoppelt sind. So schrieb der Göttinger Physiker und Schriftsteller Georg Christoph Lichtenberg 1793: „Die so genannten Leute nach der Uhr werden gewöhnlich alt." Doch erst im 20. Jahrhundert wurde der wissenschaftliche Nachweis erbracht, dass neben Atmung, Puls und Herzschlag tatsächlich noch andere innere Rhythmen uns bestimmen, die unter anderem auch den Wechsel von schlafen und wachen beeinflussen.

Ein ausgefeiltes Räderwerk

In der Chronobiologie geht man heute davon aus, dass wir nicht nur eine, sondern mehrere innere Uhren haben. Möglicherweise gibt es so viele Uhren wie Körperzellen. Sie alle müssen gut aufeinander abgestimmt sein, damit die zahlreichen Funktionen unseres Organismus nicht aus dem Takt geraten.

Die übergeordnete Instanz dieses komplexen Regelwerks befindet sich in einem bestimmten Teil des Gehirngewebes, das in einem kleinen Nervenzentrum, dem suprachiasmatischen Nukleus (SCN), im Hypothalamus liegt. Diese beiden winzigen

Ein einzigartiges Experiment

Anfang der 60er Jahre kamen Forscher des Max-Planck-Instituts für Verhaltensphysiologie (früher München) zu einer wichtigen Erkenntnis auf dem Gebiet der Chronobiologie. Sie untersuchten, ob der 24-stündige Schlaf-Wach-Rhythmus nur durch den Wechsel von hell und dunkel oder noch durch andere Faktoren gesteuert wird. Über 400 freiwillige Versuchspersonen lebten nacheinander für jeweils mehrere Wochen in einem unterirdischen Bunker neben dem Kloster Andechs bei München. Sie waren während dieser Zeit völlig von Tageslicht, Umwelteinflüssen und anderen Zeitgebern abgeschirmt. Sie trafen keine anderen Menschen, schliefen und wachten, wenn ihnen danach zu Mute war. Schon bald machte das Forscherteam um Jürgen Aschoff, Rütger Wever und Jürgen Zulley eine erste interessante Entdeckung: Ohne äußere Zeitgeber wie der Wechsel zwischen hell und dunkel weicht der Ruhe-Aktivitäts-Zyklus vom Normaltag ab: Er hat dann eine Periodendauer von 25 Stunden. Erst durch externe Einflüsse wie Licht und Dunkelheit passt er sich einem 24-Stunden-Rhythmus an. Darüber hinaus fiel auf, dass die Versuchspersonen, obwohl sie keinerlei Zeitinformationen besaßen, regelmäßig zu Bett gingen und ebenso regelmäßig wieder aufwachten. Auch alle anderen biologisch gesteuerten Vorgänge wie zum Beispiel Körpertemperatur, Blutdruck, Konzentrations- und Leistungsfähigkeit liefen trotz dieser extremen Bedingungen regelmäßig nach inneren Vorgaben ab. Damit war der Beweis erbracht, dass unser Schlaf-Wach-Verhalten in erster Linie durch körpereigene, innere Rhythmen, also durch innere Uhren, gesteuert wird. Äußere Faktoren wie Licht, Lärm, Arbeit- und Freizeitverhalten wirken lediglich als so genannte Zeitgeber, die unser Schlafverhalten mit beeinflussen, es aber letzten Endes nicht bestimmen.

Bündel Nervenzellen sorgen dafür, dass sämtliche Gehirn- und Körperfunktionen koordiniert werden. Denn eine ganze Reihe von Körperfunktionen kann nicht gleichzeitig ablaufen. So schließen sich zum Beispiel starke körperliche Aktivität und Verdauungsarbeit gegenseitig aus. Der zentralen inneren Uhr verdanken wir aber auch die präzise Steuerung unseres Schlaf-Wach-Verhaltens. Außerdem stimmt der SCN unsere inneren Uhren mit der Außenwelt ab. Er verarbeitet die von der Netzhaut empfangenen Lichtsignale des Auges und beauftragt anschließend die Zirbeldrüse, die Produktion eines Hormons, das für den Schlaf eine wichtige Rolle spielt, entweder anzukurbeln oder zu reduzieren.

Das Schlafhormon Melatonin

Die Zirbeldrüse (Epiphyse) bildet eine Vielzahl von Hormonen, zu denen auch die Sexualhormone gehören. In den 50er Jahren entdeckten Forscher, dass die Zirbeldrüse bei Menschen, aber auch bei Tieren, nachts Melatonin ausschüttet. Dieses Hormon hat eine schlafanstoßende, stimmungsdrückende Wirkung. Weitere Untersuchungen zeigten, dass die Produktion von Melatonin nicht nur von der Tages-, sondern auch von der Jahreszeit abhängig ist: Im Herbst und Winter zirkuliert mehr Melatonin in unserem Blut als im Frühling und Sommer, denn Licht unterdrückt die Ausschüttung von Melatonin. Deshalb schlafen wir während der hellen Jahreszeit im Allgemeinen kürzer, aber effektiver als in der dunklen: Je mehr Licht unser Organismus bekommt, desto weniger Schlaf benötigen wir, und je dunkler es tagsüber ist, desto größer ist unser Schlafbedürfnis. Die natürliche Melatonin-Konzentration im Blut hängt darüber hinaus auch vom Lebensalter ab: Kinder haben einen relativ hohen Melatonin-Spiegel, der am Ende der Pubertät die höchsten Werte im Leben erreicht. Danach nimmt die Produktion dieses Hormons kontinuierlich ab.

Weitere Forschungen haben nachgewiesen, dass ein enger Zusammenhang zwischen der Melatonin-Produktion und der Körpertemperatur besteht: Die Zirbeldrüse bildet umso mehr, je niedriger die Körpertemperatur ist (→ unten).

Da die Melatonin-Ausschüttung durch künstliches Licht, allerdings nur bei sehr hohen Beleuchtungsstärken, beeinflusst werden kann, spielt die Lichttherapie (→ Seite 148) bei der Behandlung bestimmter Schlafstörungen eine zunehmende Rolle (zur medikamentösen Behandlung mit Melatonin → Seite 133).

Vom Hoch zum Tief

Den Ablauf unserer inneren Rhythmen im 24-Stunden-Takt bezeichnen Chronobiologen als zirkadianen Rhythmus (der Ausdruck leitet sich vom lateinischen „circa“ = ungefähr und „dies“ = der Tag ab). Die kürzeren Zyklen, die im Sekunden-, Minuten- oder Stundentakt verlaufen, wie beispielsweise Puls- und Herzschlag, Atmung und die Aktivität der Nervenzellen, die in regelmäßigen Sekundenabständen „feuern“, zählen zu den ultradianen Rhythmen. All diese inneren Rhythmen bewirken, dass wir innerhalb von 24 Stunden ausgeprägte Höhen und Tiefen erleben: Körpertemperatur und Blutdruck, Schmerzempfindung, Konzentrations- und Leistungsfähigkeit hängen ebenso von der Tageszeit ab wie Stoffwechselprozesse und Hormonproduktion – und eben auch der Wechsel von schlafen und wachen.

Unsere Körpertemperatur steigt im Laufe des Tages an und erreicht am späten Nachmittag ihren höchsten Wert. Danach sinkt sie wieder und fällt in der zweiten Nachthälfte zwischen drei und vier Uhr auf den tiefsten Punkt. Bei niedrigen Körpertemperaturen ist die Schlafqualität besonders gut, während hohe Werte die geistige und körperliche Leistungsfähigkeit begünstigen. Ein erstes Leistungshoch stellt sich in der Regel am Vormittag zwischen 10 und 11 Uhr ein. Zwischen 13 und 14 Uhr haben wir meist ein deutliches Tief. Am späteren Nachmittag bringt uns ein zweites Hoch in der Regel noch einmal richtig in Schwung. Mit dem vor- und nachmittäglichen Hoch gehen ein erhöhter Blutdruck, eine deutlich höhere Schmerzschwelle und häufig auch eine bessere Stimmungslage einher als zu anderen Tageszeiten. Etwa alle vier Stunden erleben wir dagegen ein Minitief. Wenn wir es nicht unterdrücken, sondern für eine kurze Entspannungspause, im Idealfall sogar (zusätzlich zur Siesta) für ein Nickerchen nutzen, sind wir danach leistungsfähiger als nach dem Genuss von Kaffee oder Tee, von Nikotin, Schokoriegel oder anderen anregenden Substanzen.

Zwischen Mittagessen und Abendessen muss man schlafen, und zwar keine halben Sachen. Ziehen Sie Ihre Kleider aus und legen sich ins Bett – und denken Sie bloß nicht, dass Sie weniger Arbeit schaffen, wenn Sie am Tage schlafen. Das ist eine dumme Idee von Leuten ohne Vorstellungsvermögen. Sie werden sogar mehr bewerkstelligen.

Winston Churchill

Ein Plädoyer für die Siesta und das Nickerchen zwischendurch

Das Interesse der Schlafforscher galt über viele Jahre hinweg vor allem dem Schlaf in der Nacht. Mitte der 80er Jahre des vergangenen Jahrhunderts wies die deutsch-amerikanische Forschergruppe um Jürgen Zulley und Scott Campbell vom Max-Planck-Institut in München nach, dass der Mensch von seiner inneren Uhr her auf einen Mittagschlaf und darüber hinaus sogar auf mehrere tägliche Nickerchen programmiert ist. Wir werden nicht nur nachts müde, sondern auch gegen Mittag. Sowohl um drei Uhr in der Nacht als auch um die Mittagszeit ist unser Kreislauf besonders instabil. Etwa sieben Stunden nach dem Aufstehen macht sich ein deutliches Leistungstief bemerkbar. Dieser Abfall der Leistungsfähigkeit ist Bestandteil der biologischen Rhythmen, die unseren gesamten Organismus steuern. Er ist ebenso wie das Tief in der Nacht weitgehend unabhängig von Vorgängen wie Essen, Trinken und äußeren Zeitgebern.

Internationalen Studien zufolge erleiden Menschen, die in stressintensiven Berufen arbeiten, aber regelmäßig einen kurzen Mittagschlaf halten, viel seltener einen Herzinfarkt als jene, die auf den belebenden Schlummer verzichten (müssen). Chinesische Wissenschaftler haben vor einigen Jahren den Zusammenhang zwischen Mittagschlaf und Langlebigkeit untersucht. Sie befragten über tausend hochbetagte Menschen, die alle älter als 100 Jahre waren, nach ihren Lebensgewohnheiten.

Die meisten von ihnen hielten seit Jahrzehnten regelmäßig einen Mittagschlaf.

Der „Büroschlaf" – Teil einer neuen Arbeitskultur

Inzwischen ist wissenschaftlich erwiesen, dass ein kurzer Mittagschlaf auch die Reaktions- und Konzentrationsfähigkeit deutlich erhöht. Wer sich um die Mittagzeit eine maximal 30-minütige Siesta gönnt, erwacht nicht nur frisch und ausgeruht, sondern ist zudem noch leistungsfähiger und kreativer als die entschlossenen Durchhalter, die ihre natürliche Schläfrigkeit mit Koffein bekämpfen. Neueren Umfragen zufolge hielte jeder dritte Deutsche gern am Arbeitsplatz einen Mittagschlaf. In Österreich gibt es keine entsprechenden Erhebungen. Tatsächlich aber erlauben sich nur 6 Prozent der Deutschen das belebende Nickerchen. Denn wer die Mittagszeit für einen kurzen Schlaf nutzt, gilt hierzulande immer noch als faul.

Wer die ganze Nacht schläft, hat am Tage Anspruch auf ein wenig Ruhe.
Sprichwort aus Kuba

In anderen Ländern hat man sich von solchen Vorurteilen längst befreit. Und zwar nicht nur in den Anrainerstaaten des Mittelmeeres, in denen die Siesta ohnehin fester Bestandteil des Alltags ist. Vor allem in den USA, in Großbritannien, Japan und Kanada ist der „Power-Nap" auf dem Vormarsch. Eine von vielen Studien zur Arbeitsforschung wurde mit Piloten der NASA durchgeführt. Dabei stellte sich heraus, dass nach einer halben Stunde Mittagschlaf die Reaktionsschnelligkeit um 16 Prozent stieg und Aufmerksamkeitsausfälle sich um 34 Prozent verringerten. Auch Forscher der Harvard Universität haben mit verschiedenen Tests nachgewiesen, dass ein Nickerchen während des Tages die Leistungsfähigkeit des Gehirns deutlich verbessert. Aufgrund ihrer Untersuchungen gehen die Wissenschaftler davon aus, dass nicht nur ausreichender Nachtschlaf, sondern auch ein kurzer Schlaf am Tage wichtig ist, um antrainierte Fähigkeiten im Gehirn zu festigen.

Viele Arbeitgeber in den USA haben diese Erkenntnisse inzwischen in die Praxis umgesetzt und bieten ihren Angestellten meditative Pausen in besonderen Schlafräumen an. Selbst Fluggesellschaften erlauben ihren Piloten, auf Langstreckenflügen „kontrollierte Nickerchen" zu halten. In England und in Kanada stellen immer mehr Unternehmen ihren Mitarbeitern Entspannungsräume zur Verfügung, die mit besonderen Farb- und Lichtsphären, mit Meditationsmusik, Ruheliegen und speziellen Liegesesseln ausgestattet sind. Und in Japan gibt es in zahlreichen Firmen verdunkelte „Relax-Centers", in denen die Angestellten einen Mittagschlaf halten können. Darüber hinaus sind die so genannten „Nap-Shops“ weit verbreitet. Es handelt sich hierbei um Zelte, die in großen Räumen stehen und die man stundenweise für ein Nickerchen mieten kann.

Bei uns stehen überzeugte Mittagschläfer noch weitgehend auf verlorenem Posten. Wer ohne Rücksicht auf den eigenen Biorhythmus durcharbeitet, wird immer noch zum Vorbild stilisiert. Die Erkenntnis, dass nur ein ausgeruhter Mitarbeiter ein leistungsfähiger Mitarbeiter ist, dass man Qualität nicht durch Quantität ersetzen kann, setzt sich erst sehr langsam durch. Unsere Leistung wird aber nicht davon bestimmt, wie viel Zeit wir am Arbeitsplatz verbringen, sondern ob wir effizient arbeiten. Doch das können wir nur, wenn wir unseren Arbeitsablauf entsprechend unseren biologischen Rhythmen strukturieren: Indem wir uns zum Beispiel komplizierten Aufgaben zwischen 10 und 11 Uhr vormittags oder am späteren Nachmittag zuwenden statt am frühen Morgen oder mittags zwischen 13 und 14 Uhr. Kurz: Wer in seinen biologischen Hochphasen arbeitet und sich zum richtigen Zeitpunkt eine Pause gönnt, ist deutlich leistungsfähiger als die vielen gestressten, angespannten „Durcharbeiter“. Wer einmal angefangen hat, regelmäßig eine kurze Siesta zu halten, will Umfragen zufolge nie mehr darauf verzichten.

Einige Wissenschaftler entwerfen bereits Modelle für den optimal ausgestatteten Arbeits- und Ruheplatz der Zukunft. Vielleicht gehören auch bei uns spezielle Ruheräume schon bald

Tipps für den Mittagschlaf

- Wenn Sie spüren, dass Sie müde werden, sollten Sie diesen Zeitpunkt nicht übergehen und sich nicht mit Aufputschmitteln (Kaffee, Tee, Nikotin) oder mit erzwungener Dynamik (zum Beispiel durch Joggen oder sonstige Aktivitäten) wach halten, sondern sich eine kurze Siesta gönnen.
- Falls Sie sich nur in ruhiger Umgebung entspannen können, schließen Sie Fenster und Türen, stellen Sie Telefon (und Handy) ab und informieren Sie Kollegen oder Mitbewohner, dass Sie für eine Weile nicht gestört werden möchten. Hilfreich kann auch ein entsprechendes Schild an der Tür sein.
- Sie brauchen sich nicht unbedingt hinzulegen. Manchmal reicht es, wenn Sie es sich mit einer Decke bequem machen, die Beine etwas hoch lagern – und die Augen schließen.
- Länger als 30 Minuten sollte die Siesta nicht dauern, sonst brauchen Sie zu lange, um wieder richtig wach zu werden. Außerdem kann ein zu langer Mittagschlaf bewirken, dass Sie abends schlecht einschlafen. Stellen Sie sich deshalb einen Wecker. Das wird wahrscheinlich nur in der Anfangszeit, wenn Sie den Mittagschlaf einüben, notwendig sein. Mit der Zeit werden Sie von selbst zum gewünschten Zeitpunkt aufwachen.
- Nach dem Erwachen sollten Sie sich kurz räkeln und strecken, tief durchatmen und dann aufstehen. Wenn Sie anschließend ein paar gymnastische Übungen machen oder sich das Gesicht kalt abwaschen, bringt Sie das nach der erholsamen Verschnaufpause wieder in Schwung.

Am Anfang werden Sie vermutlich nicht sofort einschlafen können. Doch geben Sie nicht gleich auf. Ihr Körper muss sich erst daran gewöhnen, seinem natürlichen Bedürfnis nachzukommen.

zur Grundausstattung moderner Unternehmen. Immerhin hat ein bekannter Büromöbelhersteller schon einen speziellen Stuhl entwickelt, der sich ganz nach hinten klappen lässt – und hervorragend für den „Büroschlaf" geeignet ist. Doch bislang hat das, was die Leitung der städtischen Verwaltung im niedersächsischen Vechta ihren Angestellten ermöglicht, noch Seltenheitswert: Anlässlich einer Gesundheitsschulung durch die Allgemeine Ortskrankenkasse bekamen die Mitarbeiter nicht nur Informationen über Ernährung, Bewegung und Entspannung, sondern auch über die wohltuende Wirkung des Mittagschlafs. Seitdem rollen die knapp 200 Mitarbeiter jeden Tag in der Mittagspause ihre Isomatten aus und legen sich für 20 Minuten aufs Ohr. Auch in Österreich scheinen nach den Beobachtungen der Österreichischen Gesellschaft für Schlafmedizin und Schlafforschung Betriebe und Arbeitnehmer zunehmend die Vorteile des kurzen Schläfchens zu erkennen.

Wenn innere und äußere Uhren kollidieren

Die Umstellung auf die Sommerzeit

Während der Ölkrise von 1973 beschlossen zahlreiche westliche Industriestaaten, während der hellen Jahreszeit das Tageslicht eine Stunde länger zu nutzen, um dadurch den Energieverbrauch zu drosseln. Seit 1980 wird in ganz Europa die „Mitteleuropäische Zeit" (MEZ) für ein halbes Jahr außer Kraft gesetzt und durch die „Mitteleuropäische Sommerzeit" (MESZ) ersetzt. Eine Maßnahme, die von Chronobiologen, Schlaf- und Arbeitsmedizinern kritisiert wird. Denn wenn die Uhren in der Sommerzeit um eine Stunde vorgestellt werden, gerät unser biologischer Rhythmus aus dem Gleichgewicht. Die Differenz zu unserer inneren Uhr, die eine Periodendauer von 25 Stunden hat, beträgt dann zwei Stunden. Das führt dazu, dass wir vormittags müde sind, mittags keinen Appetit haben und abends nicht zur gewohnten Zeit einschlafen können. Es kann einige Tage oder länger dauern, bis man sich an den neuen Tagesrhythmus gewöhnt hat. Ein erhöhtes Gefahrenrisiko birgt der Montag nach der alljährlichen Einführung der Sommerzeit. Da wir dann zu einer Zeit zur Arbeitsstelle aufbrechen, in der unsere innere Uhr noch nicht auf wach gestellt ist, ereignen sich 8 Prozent mehr Verkehrsunfälle als an einem gewöhnlichen Montag. Schlafforscher empfehlen deshalb, schon einige Tage vor der Zeitumstellung sowohl den Schlaf als auch die Mahlzeiten um jeweils eine Viertelstunde vorzuverlegen. Die Umstellung auf die Winterzeit erleben die meisten Menschen dagegen als wohltuend, da der Tag der Rückumstellung auf die Mitteleuropäische Zeit dann 25 Stunden beträgt und somit genau dem Rhythmus der inneren Uhr entspricht.

Das Jetlag-Syndrom

Wenn man bei einer Flugreise in wenigen Stunden mehrere Zeitzonen überquert, werden die biologischen Rhythmen empfindlich gestört. Es entsteht das so genannte Jetlag-Syndrom: Man fühlt sich müde, antriebslos und zerschlagen, leidet unter Appetitlosigkeit und Verdauungsproblemen, unter Schlafstörungen und anderen Beschwerden (zur Behandlung → Seite 110). Der Grund liegt darin, dass bei der Ankunft am Zielort die Ortszeit erheblich von der biologischen Zeit abweicht, die der Organismus vom Abflugort her mitgebracht hat. Besonders ausgeprägt sind die Anpassungsschwierigkeiten, wenn wir nach Osten fliegen und uns in einer Welt wiederfinden, die unserer eigenen inneren Uhr um mehrere Stunden vorauseilt.

Vom Jetlag bleibt kaum jemand verschont. Allerdings macht die Zeitverschiebung nicht allen Menschen gleichermaßen zu schaffen. Die wenigsten Symptome haben kleine Kinder, Menschen, deren Alltag nicht fest strukturiert ist, und solche, die im Allgemeinen tief und problemlos durchschlafen. Je gesünder und ausgeruhter man ist, desto rascher wird der Jetlag überwunden.

Nacht- und Schichtarbeit

Am nachhaltigsten werden die inneren biologischen Rhythmen durch Nacht- und Schichtarbeit beeinträchtigt. Rund 5,5 Millionen Menschen leben in Deutschland und Österreich ständig gegen den Takt der inneren Uhr. Sie arbeiten, wenn der Organismus auf Ruhe schaltet, und müssen schlafen, wenn alle Körperfunktionen auf Aktivität programmiert sind. Bei lang anhaltender Schichtarbeit kommt es nicht nur zu erheblichen Schlafstörungen (→ Seite 53), sondern auch zu gravierenden körperlichen und seelischen Problemen. Aus verschiedenen Untersuchungen geht hervor, dass Schichtarbeiter überdurchschnittlich oft an Erkrankungen des Herz-Kreislauf-Systems, des Magen-Darm-Traktes, der Leber und der Schilddrüse, an innerer Unruhe, Nervosität, Kopfschmerzen und Erschöpfungssyndromen leiden.

Frauen, die nachts arbeiten, haben sehr häufig Zyklusstörungen und Schwangere ein deutlich erhöhtes Risiko, ein Kind auf die Welt zu bringen, das untergewichtig ist oder zu früh geboren wird. Weil Schichtarbeit insgesamt ungesund ist, raten Schlaf- und Arbeitsmediziner, möglichst darauf zu verzichten. Lässt sie sich aus betrieblichen Gründen nicht umgehen, sollten unbedingt grundsätzliche Empfehlungen beachtet werden, um sie körperlich und seelisch so unbeschadet wie möglich zu bewältigen (→ Seite 110).

Gebt den Leuten mehr Schlaf – und sie werden wacher sein, wenn sie wach sind.
Kurt Tucholsky

Wenn die Geisterstunde schlägt

Nachts zwischen drei und vier Uhr, wenn Körpertemperatur und Blutdruck auf dem niedrigsten Stand sind, befinden wir uns in einem absoluten Tief: Wir fühlen uns körperlich nicht sonderlich wohl, sind schmerzempfindlicher als sonst, unsere Stimmung ist gedrückt, Konzentrations- und Leistungsfähigkeit sind deutlich eingeschränkt. Alle diese Faktoren sprechen dafür, dass wir diese Uhrzeit möglichst schlafend verbringen sollten.

Übermüdung und ihre katastrophalen Folgen – einige Beispiele

- Der gefährliche Störfall im Atomreaktor „Three Mile Island" im März 1979 in Harrisburg wurde – um vier Uhr morgens – durch „menschliches Versagen" ausgelöst.
- Der Unfall im Atomreaktor von Tschernobyl im April 1986 wurde durch völlig übermüdetes Kontrollpersonal verursacht.
- Der Absturz der Raumfähre „Challenger" beim Start von Cape Canaveral im Januar 1986 wurde durch eine Fehlentscheidung mitverursacht, die die Verantwortlichen nach weniger als zwei Stunden Schlaf am frühen Morgen getroffen hatten.
- Entscheidend für die Havarie der Fähre „Herald of Free Enterprise" in der Nordsee im März 1987 war, dass der für das Schließen der Bugklappe verantwortliche Bootsmann eingeschlafen war.
- Das japanische Tankschiff „Matsukaze" lief im April 1988 morgens um 3.15 Uhr in der Straße von Juan de Fuca im Pazifik auf Grund. Aus dem amtlichen Bericht der Küstenwache geht hervor, dass die Wache auf der Brücke eingeschlafen war.
- Das Tankerunglück „Exxon Valdez" im März 1989 in Alaska ereignete sich, nachdem die durch langwierige Bunkerarbeiten ermüdete Mannschaft das Ruder nachts einem unerfahrenen Mann überlassen hatte.
- Beim Absturz eines Flugzeugs der Egypt Air vor der US-Ostküste im November 1999 kamen 217 Menschen ums Leben. Die Maschine gehörte zur gleichen Baureihe wie die Boeing der Lauda-Air, die 1991 wegen eines technischen Defekts abstürzte und 233 Todesopfer forderte. Beide Maschinen waren im September 1989 in der selben Fabrik gebaut worden. Die Belegschaft dort musste ständig unter hohem Druck arbeiten und beklagte schon lange, dass sie aufgrund permanenter Übermüdung ihre Aufgaben nicht mehr gründlich erfüllen konnte.

Quelle: Psychologie Heute, Juli 2001

Ist das nicht möglich, weil wir arbeiten müssen, sollten wir bedenken, welches Risiko wir damit eingehen. Wenn unsere inneren Rhythmen mit den Leistungsanforderungen einer Gesellschaft kollidieren, in der die zeitliche Ordnung der Natur keine Geltung mehr besitzt, kann es zu verheerenden Katastrophen kommen. Doch dieser Zusammenhang wird in der Öffentlichkeit kaum wahrgenommen. Die vielen Unfälle, die in der Nacht aufgrund von Übermüdung passieren, bleiben im Dunkeln: Zum Beispiel die „Kunstfehler", die völlig überarbeiteten Assistenzärzten in Krankenhäusern unterlaufen, die Zahl der Verkehrsteilnehmer, die nachts von Fernfahrern, die viel zu lange am Steuer sitzen müssen, getötet oder schwer verletzt werden, die gravierenden Unfälle in Industriebetrieben, die sich in der zweiten Nachthälfte ereignen, wenn die Verantwortlichen gefährlich übermüdet sind. Allenfalls Flugzeug-, Schiffs- oder Kraftwerksunfälle, die besonders spektakulär sind, werden von der Öffentlichkeit wahrgenommen (→ Kasten, Seite 20).

Die „Sieben-Punkte"-Erklärung

Wissenschaftler warnen schon seit vielen Jahren vor Unfällen und Katastrophen, die durch schläfrige Menschen oder solche, die ungewollt einschlafen, ausgelöst werden können. 1994 tagte in Stockholm eine internationale Konferenz. Man erörterte dort den Zusammenhang zwischen Arbeitszeiten, Übermüdung und Unfällen. Am Schluss verabschiedeten die Experten eine Konsenserklärung mit folgendem Wortlaut:

1. Der Schlaf des Menschen ist ein zentrales und lebenswichtiges Grundbedürfnis.
2. Wird dieses Bedürfnis missachtet, etwa durch zu kurze Schlafdauer oder durch Nachtarbeit, können die Folgen weiter reichen, als viele wahrhaben wollen. Die schädlichen Auswirkungen von chronischem Schlafentzug, ungenügendem oder gestörtem Schlaf addieren sich. Mit jedem Faktor riskiert man mehr Fehler und Unfälle.
3. Sehr lange Arbeitswege, finanzielle und soziale Anreize erhöhen ständig den Druck, länger am Stück zu arbeiten und die Arbeit selbst zu verdichten. Das kann die Müdigkeit weiter verschärfen, die ihrerseits die Arbeitsleistung beeinträchtigt.
4. Weltweit schlafen Nachtschichtarbeiter oftmals bei der Arbeit oder während der anschließenden Heimfahrt ein; dadurch steigt die Unfallhäufigkeit.
5. Auf Fernstraßen und Stadtautobahnen ist die Gefahr einschlafbedingter Unfälle besonders hoch, insbesondere zwischen Mitternacht und 6 Uhr morgens sowie am frühen Nachmittag. Zwischen Mitternacht und 6 Uhr morgens steigt das Risiko für Straßenverkehrsunfälle mit tödlichem Ausgang deutlich an. In mehr als der Hälfte davon sind junge Männer unter 30 Jahren verwickelt, selbst wenn Alkohol als Unfallursache ausgeschlossen werden kann. Die derzeitige Unfallberichterstattung unterschätzt aller Wahrscheinlichkeit nach, wie häufig Verkehrsunfälle auf Einschlafen zurückzuführen sind.
6. Da Ermüdung die Leistungsfähigkeit deutlich beeinträchtigt, zieht sie vermutlich viel häufiger Industrie- und Verkehrsunfälle nach sich, als sich das in den offiziellen Untersuchungen und Statistiken niederschlägt.
7. Fehlende oder unzureichende Arbeitszeitregelungen gefährden in vielen Ländern die öffentliche Sicherheit. Das gilt vor allem für Branchen, in denen die Arbeit der Beschäftigten direkt auf die eigene Sicherheit zurückwirken kann, auf die öffentliche Sicherheit oder gar auf die Umwelt (zum Beispiel Verkehr, Chemie, Kernenergie).

Quelle: *„Unsere Innere Uhr" von Jürgen Zulley und Barbara Knab* (→ Seite 174)

Chronobiologen wie der US-Amerikaner Martin Moore-Ede haben darüber hinaus schon vor Jahren darauf hingewiesen, dass für die Unternehmen des 21. Jahrhunderts entscheidend sein wird, in welchem Maße der Mensch für sie im Mittelpunkt steht. Erst wenn es gelingt, die betrieblichen Abläufe entsprechend den physischen und psychischen Bedürfnissen der Arbeitnehmer zu organisieren, bekäme der Slogan: „Unsere Leute sind unser bestes Kapital" eine tiefere Bedeutung. Nach Ansicht der Wissenschaftler hängt der langfristige Erfolg von Unternehmen in erheblichem Maße von der Wachheit und Leistungsfähigkeit der Mitarbeiter ab. Nicht jeder ist zu jeder Tageszeit voll einsatzfähig. Außerdem erfordern die inneren Rhythmen der Beschäftigten, dass bestimmte Ruhe- und Erholungspausen eingehalten werden. Wenn solche chronobiologischen Erkenntnisse berücksichtigt werden, lassen sich die Vorteile der technischen Innovation optimal mit der menschlichen Kreativität und Effizienz in Einklang bringen.

Von Eulen und Lerchen

Ich bin so knallvergnügt erwacht.
Ich klatsche meine Hüften.
Das Wasser lockt, die Seife lacht.
Es dürstet mich nach Lüften.
Aus meiner tiefsten Seele zieht
Mit Nasenflügel beben
Ein ungeheurer Appetit
Nach Frühstück und nach Leben.
Joachim Ringelnatz

Sie können einen Abendmenschen zur Verzweiflung bringen: jene Mitbewohner, die zu früher Stunde gut gelaunt aus dem Bett springen, lauthals unter der Dusche singen und anschließend ihrem Tatendrang in Haus und Wohnung freien Lauf lassen. Umgekehrt ist es für Morgenmenschen eine Qual, wenn sie wegen gesellschaftlicher oder anderer Verpflichtungen nicht zeitig am Abend die Stätte aufsuchen können, an die es sie nach einem früh begonnenen Tag mit aller Macht zieht: das Bett. Leben Morgen- mit Abendmenschen als Paar zusammen, setzt das große wechselseitige Rücksichtnahme voraus. Trotzdem sind Enttäuschungen und Konflikte vorprogrammiert. Denn wenn der eine hundemüde ist, läuft der andere zur Höchstform auf – und umgekehrt. Kein Wunder, dass manche Partnerschaft gescheitert ist, weil gemeinsame Aktivitäten am frühen Morgen oder am späten Abend trotz redlicher Bemühungen von beiden Seiten kaum möglich sind.

Dieses frühzeitige Aufstehen macht einen ganz blödsinnig. Der Mensch muss seinen Schlaf haben.
Franz Kafka

Die Tendenz zum Morgen- beziehungsweise Abendmenschen ist weitgehend durch unser Erbgut bestimmt und in ihrer Ausprägung durchaus unterschiedlich.

Dass das Leistungs- und Stimmungshoch bei Morgen- und Abendmenschen anders verläuft, ist auf die unterschiedliche Periodenlänge der inneren Uhr (→ Seite 12) zurückzuführen: „Lerchen" haben einen kürzeren Periodenwert, „Eulen" einen längeren. Entsprechend unterschiedlich entwickelt sich ihre Körpertemperatur, die den Stand der inneren Uhr anzeigt.

Bei Morgenmenschen steigt die Temperatur morgens rasch auf die normalen Werte an. In der Regel fühlen sie sich am Vormittag am wohlsten und am leistungsfähigsten. Nach einem Mittagstief folgt am frühen Nachmittag ein zweites Hoch. Vom späten Nachmittag an lassen Konzentration und Energie merklich nach, und so manche Lerche ginge am liebsten am Abend „mit den Hühnern" zu Bett.

Die normale Körpertemperatur des Abendmenschen steigt dagegen so langsam an, dass er sich vormittags oft wie gelähmt fühlt und erst gegen Mittag richtig in Schwung kommt. Beim Abendmenschen wurde häufig ein niedriger Blutdruck festgestellt, was ebenfalls das überaus langsame Ansteigen der Leistungskurve erklärt. Seine beste Zeit ist deshalb der Abend. Vergleichbar mit der Eule, die sich mit einbrechender Dunkelheit auf die Suche nach Nahrung begibt, erlebt auch der Abendmensch erst jetzt sein wahres Hoch und kann sich bis in die späte Nacht auf seine Arbeit oder auf sonstige Interessen konzentrieren.

Schwierig wird es, wenn Eulen in der Arbeitswelt wie Lerchen funktionieren müssen. Wer als Abendmensch nicht die Möglichkeit hat, freiberuflich zu arbeiten, um sein persönliches Leistungshoch auszunutzen, hat schlechte Karten. Denn durch den beruflich bedingten Zwang zum Frühaufstehen sind Abendmenschen deutlich in ihrer Leistungsfähigkeit und in ihrer gesamten Lebensqualität beeinträchtigt. Wenn eine Eule sich wie eine Lerche verhalten muss, kann es zu schweren Einschlafstörungen und damit zu chronischem Schlafmangel kommen (→ Seite 35). Denn die genetisch bedingte Neigung zum Abendmenschen lässt sich eben nur geringfügig verändern. Eine Eule kann sich nicht in eine Lerche verwandeln – und umgekehrt.

„Das Werk der Weckuhr schnappte ein und rasselte pflichtgetreu und grausam. Es war ein heiseres und geborstenes Geräusch, ein Klappern mehr als ein Klingeln, denn sie war altgedient und abgenutzt; aber es dauerte lange, hoffnungslos lange, denn sie war gründlich aufgezogen.
Hanno Buddenbrook erschrak zuinnerst. Wie jeden Morgen zogen sich bei dem jähen Einsetzen dieses zugleich boshaften und treuherzigen Lärmes auf dem Nachttische, dicht neben seinem Ohre, vor Grimm, Klage und Verzweiflung seine Eingeweide zusammen. Äußerlich aber blieb er ganz ruhig, veränderte seine Lage im Bette nicht und riss nur rasch, aus irgendeinem verwischten Morgentraume gejagt, die Augen auf (...) Während er mit angespannten Nerven, um den Entschluss kämpfend, Licht zu machen und das Bett zu verlassen, regungslos auf dem Rücken lag, kehrte ihm nach und nach alles ins Bewusstsein zurück, was ihn gestern erfüllt hatte.“

Aus: „Die Buddenbrooks“ von Thomas Mann

Abhilfe können gleitende Arbeitszeiten schaffen, deren Rahmen so abgesteckt ist, dass auch für eine Berücksichtigung individueller Eigenschaften Platz ist. Solche Regelungen entsprechen darüber hinaus aber nicht nur dem Bedürfnis der betroffenen Arbeitnehmer, sondern dienen auch den Interessen der Unternehmen.

Die Verluste, die den Arbeitgebern entstehen, wenn ein Teil der Belegschaft gezwungen ist, im Leistungstief statt im Leistungshoch zu arbeiten, sind zwar bislang noch nicht beziffert worden, doch sie dürften erheblich sein. Und kein Unternehmen sollte es sich leisten, vorhandenes Potenzial ungenutzt zu lassen.

Wenn Sie morgens nicht aus dem Bett kommen

- Prüfen Sie zunächst, ob Sie länger schlafen, als es Ihrem persönlichen Optimum (→ Seite 41) entspricht. Denn zu viel Schlaf dient weder der Gesundheit noch der Leistungsfähigkeit. Im Gegenteil: Man fühlt sich meist müde, lustlos, zerschlagen und kommt nur schwer aus dem Bett.
- Stellen Sie Ihren Wecker eine Zeit lang so, dass Sie 20 bis 30 Minuten früher als gewohnt geweckt werden. Denn die Befindlichkeit beim Aufwachen hängt davon ab, aus welchem Schlafstadium wir geweckt werden. Werden wir mitten aus dem Tiefschlaf gerissen, fühlen wir uns unausgeruht und erschöpft, auch wenn wir ausreichend geschlafen haben. Erwachen wir dagegen aus einer Phase, in der wir nicht so tief schlafen und unser Gehirn fast wach ist, wie zum Beispiel unmittelbar vor oder nach dem REM-Schlaf, fühlen wir uns deutlich besser.
- Lassen Sie nachts Jalousien oder dichte Vorhänge immer einen Spalt offen. Denn je früher am Morgen Tageslicht auf die noch geschlossenen Augenlider dringt, desto eher stellt das Gehirn die Produktion des Schlafhormons Melatonin (→ Seite 13) ein. Im Winter können Sie stattdessen eine Zeitschaltuhr an der Nachttischlampe anbringen, sodass im Schlafzimmer schon Licht brennt, bevor Sie aufwachen.
- Es kann auch hilfreich sein, wenn Sie Radio, CD-Player oder Kassettenrecorder so programmieren, dass beruhigende Musik mit fließenden Rhythmen an Ihr Ohr dringt, bevor Sie aufwachen.
- Dehnen, recken und strecken Sie sich ausgiebig, nachdem Sie wach geworden sind. Machen Sie nach dem Aufstehen ein paar leichte Gymnastikübungen und atmen Sie vor geöffnetem Fenster einige Male tief durch. Das versorgt den Körper mit Sauerstoff, regt die Durchblutung des Gehirns an und bringt den Kreislauf in Schwung.
- Gewöhnen Sie sich Wechselduschen an: Zunächst den ganzen Körper, angefangen von Füßen und Beinen zum Herzen, Oberkörper, Gesicht und Nacken hin warm abduschen. Danach folgt, in gleicher Richtung, der kalte Guss. Die Prozedur dreimal wiederholen. Wahrscheinlich wird Sie die kalte Dusche am Anfang einige Überwindung kosten. Doch Wechselduschen ist gesund, schützt vor Erkältungen, vertreibt die Müdigkeit – und kann Ihnen helfen, auch zu früher Stunde leichter wach zu werden.

Der Schlaf – ein Lebenselixier

Dass wir nicht noch kränker und verrückter sind,
als es ohnehin der Fall ist,
verdanken wir ausschließlich jener gesegneten
und segensreichsten aller natürlichen Gaben – dem Schlaf.
Aldous Huxley

Von der Antike bis in die Neuzeit betrachtete man den Schlaf als „Gabe der Götter", als „Hüter des Lebens" und „Balsam für die Seele". Doch mit dem aufkommenden naturwissenschaftlich-technischen Zeitalter erschien er zunehmend als notwendiges Übel, als Preis, den man nachts nun einmal zahlen muss, um tagsüber aktiv zu sein. Seitdem haben wir längst die Nacht zum Tag und den Abend zum Morgen gemacht. Wir schlafen zu wenig, zu unregelmäßig und häufig auch zur falschen Zeit. Statt abends rechtzeitig auf Ruhe zu schalten, erledigen wir zahlreiche wichtige (und weniger wichtige) Dinge, sitzen zu lange am Computer, zappen zum „Abschalten" durch die Fernsehkanäle und gehen schließlich viel zu spät ins Bett. Den Schlaf betrachten wir zunehmend als Zeitverschwendung, als Restgröße, die wir gern auf ein Minimum reduzieren. Doch das birgt erhebliche Risiken. Neue wissenschaftliche Studien beweisen, dass der Schlaf eine äußerst wertvolle Zeit ist. In jeder Schlafphase finden wichtige Regenerationsprozesse in unserem Organismus statt. Daraus lässt sich schließen: Wer permanent zu wenig schläft, wird eher krank und altert früher. Und umgekehrt: Wer ausreichend und zur rechten Zeit schläft, schafft gute Voraussetzungen für Gesundheit, Leistungsfähigkeit und Wohlbefinden.

Das Gehirn bleibt aktiv

Die moderne Schlafforschung begann, nachdem der Jenaer Neurologe und Psychiater Hans Berger im Jahre 1929 mit der Elektroenzephalographie (EEG) eine Messmethode für die Aktivität des Gehirns entwickelt hatte. Damit konnte man nachweisen, dass der Schlaf kein passiver, sondern ein höchst aktiver Zustand ist. Im Schlaflabor (→ Seite 135) zum Beispiel lassen sich die Funktionsabläufe in unserem Gehirn sichtbar machen: Jede Nacht befinden wir uns mehrfach in unterschiedlichen Schlafstadien, in denen das EEG jeweils spezifische Rhythmen aufweist. In der Schlafmedizin unterscheidet man die folgenden Stadien:

- Stadium W = Wachzustand
- Stadium I = Einschlafstadium
- Stadium II = leichter, aber bereits echter Schlaf
- Stadium III und IV = Tiefschlaf
- Stadium REM = Traumschlaf.

Gehirnaktivität vom Wachzustand bis zum REM-Schlaf

Die Abbildung zeigt die elektrische Aktivität unseres Gehirns vom Wachzustand über die Einschlafphase (Stadium I) bis hin zur tiefsten Schlafphase (Stadium IV) und dem darauf folgenden REM-Schlaf. Außerdem kann man im EEG Schlafspindeln erkennne, die als wichtige Schlafsignale des Gehirns gelten.

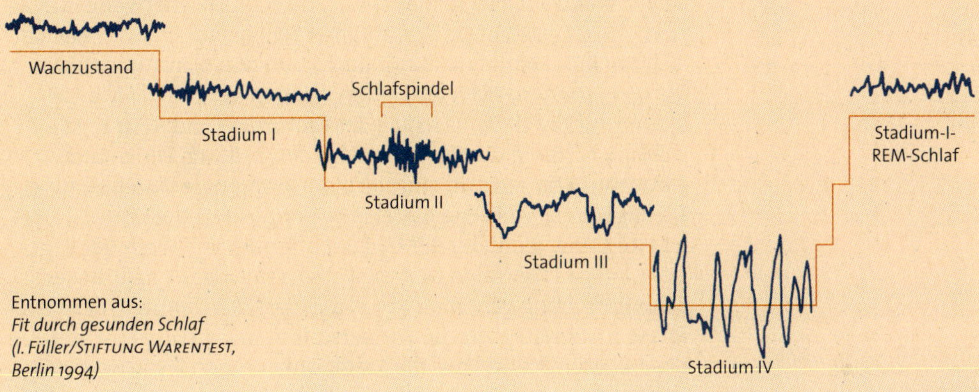

Entnommen aus:
Fit durch gesunden Schlaf
(I. Füller/Stiftung Warentest, Berlin 1994)

Sobald ein gesunder, entspannter Mensch die Augen schließt, registriert das EEG Alphawellen. Sie sind höher und folgen langsamer aufeinander als die Betawellen, die unser Gehirn produziert, wenn wir hellwach sind. Das macht deutlich, dass wir uns schon vor dem eigentlichen Einschlafen entspannen, ruhiger und gleichmäßiger atmen. Beim Einschlafen zeigt das EEG immer höhere und langsamere Wellen an, die in der Schlafmedizin Thetawellen genannt werden. Haben wir unser tiefstes Schlafstadium erreicht, erscheinen im EEG die Deltawellen. Jetzt schlafen wir sehr fest und können nur noch durch starke äußere Reize geweckt werden. Im darauf folgenden REM-Schlaf sieht man im EEG wieder Thetawellen, die denen der Einschlafphase gleichen. Alle fünf Stadien zusammen ergeben einen Schlafzyklus, der etwa 90 bis 100 Minuten dauert. Kurz vor oder nach dem REM-Schlaf werden wir (fast) wach, auch wenn wir es meist gar nicht merken, dann schlafen wir wieder ein, und der nächste Zyklus beginnt. Gesunde Erwachsene durchlaufen in einer Nacht vier bis sechs solcher Schlafzyklen.

Die Bedeutung des REM-Schlafes

1953 stellten US-amerikanische Schlafforscher fest, dass es während des Schlafes zu periodisch wiederkehrenden Phasen rascher Augenbewegungen kommt. Deshalb nannten sie diese Phasen REM (**R**apid-**E**ye-**M**ovement). Bei gesunden Menschen folgt die REM-Phase auf die tiefste Schlafphase (Stadium IV).

Da die Versuchspersonen ziemlich regelmäßig von Träumen berichteten, wenn sie aus dem REM-Stadium geweckt wurden, gingen die Forscher davon aus, dass REM- und Traumschlaf identisch seien. Inzwischen weiß man, dass wir auch während der anderen Schlafphasen träumen. Weil die Träume im REM-Schlaf offenbar am lebhaftesten und intensivsten sind, werden REM- und Traumschlaf, wenn auch nicht mehr ganz zu Recht, üblicherweise immer noch gleichgesetzt. Von den anderen Schlafstadien unterscheidet sich der REM-Schlaf nicht nur durch die schnellen Augenbewegungen, sondern auch durch den völligen Verlust der Muskelspannung, durch den Anstieg des Blutdrucks, durch unregelmäßige Atmung und Herzfrequenz sowie durch Penis- und Klitoriserektionen und eine vermehrte vaginale Durchblutung. Da das Gehirn während dieser Phase doppelt so stark durchblutet ist wie sonst, dient der REM-Schlaf offenbar vor allem der Regeneration des zentralen Nervensystems und der Psyche. In der Schlafforschung geht man davon aus, dass das Gehirn in der REM-Phase Informationen, die wir persönlich als wichtig erachten, in das Langzeitgedächtnis überträgt. Unbedeutendes Wissen soll dagegen ausgesondert und gelöscht werden, damit wir wieder neue Informationen aufnehmen und speichern können.

Vom Wert der Träume

Menschen, die nachts im Schlafe träumen, kennen ein Glück, das die Tageswelt nicht gewährt, eine stille Verzückung, ein Schweben der Seele, das wie Honig auf der Zunge ist. Und sie wissen auch, dass die Wonne der Träume das Gefühl grenzenloser Freiheit ist. Es ist nicht die Freiheit des Tyrannen, der der Welt seinen Willen aufdrängt, sondern die Freiheit des Künstlers, der keinen Willen hat, der frei von Willen ist. Die Freude des wahren Träumers besteht nicht im Inhalt des Traumes, sondern in etwas anderem: darin, dass sich alles ohne sein Zutun ereignet und seiner Einwirkung völlig entzogen ist. Große Landschaften erschaffen sich selbst, weite herrliche Ausblicke, schwellende und zarte Farben, Straßen, Häuser, die er nie gesehen, von denen er nie gehört hat. Fremde Menschen treten auf und sind Freunde oder Feinde, obgleich der Träumende nie etwas mit ihnen zu schaffen gehabt hat. Die Vorstellungen des Fliegens und Dahinjagens kehren in Träumen immer wieder und sind nicht minder berauschend (...) Und immer umfängt den Träumer das Gefühl der unermesslichen Freiheit und durchströmt ihn wie Luft und Licht als überirdische Seligkeit.

Aus: „Jenseits von Afrika“ von Tania Blixen

Lange Zeit war die Traumforschung die Domäne der Psychoanalyse. Nach Sigmund Freud, dessen legendäres Werk „Die Traumdeutung“ im Jahre 1900 erschien, verwandeln wir Gefühle und

Gedanken, die unser Über-Ich am Tage nicht akzeptiert, im Traum in erträgliche Bilder. Träume sind demnach verschlüsselte Botschaften aus dem Unbewussten, die uns an tiefe, verborgene Sehnsüchte und Wünsche erinnern. Für den Psychoanalytiker C. G. Jung hatte der Traum vor allem eine ausgleichende Funktion: Je mehr wir tagsüber bestimmte Teile unserer Persönlichkeit unterdrücken, desto stärker melden sie sich im Traumgeschehen wieder zurück. Auf diese Weise sorgen Träume dafür, dass unser seelisches Gleichgewicht erhalten bleibt.

In den vergangenen Jahrzehnten nahmen sich Neurowissenschaftler der Traumforschung an und widersprachen den psychoanalytischen Interpretationen. Für die Hirnforscher sind nachts keine unterdrückten Regungen, sondern rein physiologische Vorgänge am Werk. Dieser Auffassung zufolge werden Träume durch wechselnde Gehirnstromfrequenzen, durch die Aktivierung einzelner Hirnpartien und durch Hormonausschüttungen verursacht.

Viele Traumforscher unterscheiden heute zwischen der körperlichen Komponente des Traumes, dem REM-Schlaf, und der seelischen, dem Traumerleben. Sie vermuten, dass die Auslöser

Was passiert nachts in unserem Körper?

Viele Körperfunktionen laufen während des Schlafes anders ab als im Wachzustand:

- Die Herz- und Pulsfrequenz verringert sich allmählich auf zirka 50 Schläge pro Minute (außer im REM-Schlaf).
- Der Blutdruck geht zurück (außer im REM-Schlaf).
- Der Atem wird zunehmend flacher und regelmäßiger. Nur während der REM-Phasen atmen wir wieder heftiger und unruhiger.
- Die Körpertemperatur sinkt um zirka 0,4 Grad Celsius. Zwischen drei und vier Uhr morgens ist sie in der Regel am niedrigsten. Danach steigt sie wieder an. (Da die Temperatur frühmorgens auch dann zurückgeht, wenn wir nicht schlafen, sollte man sich warm anziehen und etwas essen, wenn man um diese Zeit arbeiten muss – oder die Nacht durchgefeiert hat.)
- Der elektrische Hautwiderstand, der die (innere) Entspannung eines Menschen widerspiegelt, verstärkt sich mit zunehmender Schlaftiefe.
- Die Muskelspannung lässt deutlich nach und ist während des REM-Schlafes am niedrigsten.
- Je tiefer wir schlafen, desto weniger bewegen wir uns. Im REM-Schlaf kommt es (oft in Zusammenhang mit unseren Träumen) zu gelegentlichen Zuckungen der Gliedmaßen, die den Einschlafzuckungen im Schlafstadium I ähneln.
- Es kommt zu einer stärkeren Durchblutung des Magens und in der zweiten Nachthälfte zu erhöhten Magen-Darm-Bewegungen. Auch Schilddrüse, Leber und Nieren sind aktiver als am Tag. All diese Prozesse laufen nicht am Tag ab – wir wären sonst in unserer Leistungsfähigkeit erheblich beeinträchtigt. (Diese Erkenntnisse sind auch wichtig für die Einnahme von Arzneimitteln. Aus der Chronopharmakologie weiß man, dass beispielsweise Asthma-, Schmerz- und Betäubungsmittel am Abend stärker wirken als am Vormittag, sodass Beschwerden abends mit einer geringeren Dosis gelindert werden können.)
- Bestimmte Hormone, die eine wichtige Rolle für die Regenerierung unserer Zellen spielen und die Stoffwechsel- und Immunprozesse im Körper steuern, werden vorrangig während des Schlafes ausgeschüttet – was für unsere gesamte Erholung von besonderer Bedeutung ist.

der Träume in bestimmten Hirnanteilen, im Hirnstamm, liegen. Von dort aus werden während des Schlafes etwa alle 90 Minuten Signale zum Großhirn gesendet. Diese Signale kann man im EEG als REM-Schlaf erkennen. Demnach werden aus der Tiefe des Gehirns heraus regelmäßig verschiedene Großhirnanteile (vor allem das Sehhirn) aktiviert. Diese Zentren werden angestoßen, gleichzeitig wird jedoch über absteigende Bahnen die Bewegungsfähigkeit gehemmt. Wir sind gelähmt, und dies erklärt die völlige Muskelerschlaffung im REM-Schlaf und außerdem die vielen Träume, in denen man fliehen möchte, sich aber nicht fortbewegen kann. Diese Lähmungsgefühle sind nach Ansicht der Forscher nicht auf unbewusste seelische Konflikte zurückzuführen, sondern auf die tatsächlich vorhandene Muskelerschlaffung während des REM-Schlafes. Sie räumen aber ein, dass es wahrscheinlich kein Zufall ist, wenn unser Gehirn im Traum auf bestimmte Inhalte zurückgreift, nämlich auf solche, die von großer Bedeutung für uns sind: Kindheitserlebnisse, unverarbeitete Konflikte und andere Ereignisse und Gefühle, die in unserem Leben eine wichtige Rolle spielen. Bildhaft ausgedrückt hieße das, dass bestimmte Themen in Form von Standbildern oder kurzen Filmsequenzen in zufälliger Reihenfolge auftauchen und somit eine chaotische Geschichte ergeben, wobei aber gleichzeitig versucht wird, einen gewissen Sinn in dieses Durcheinander zu bringen.

Die nächtliche Regeneration

Das „geheimnisvolle Drittel unseres Lebens" wird von der Medizin seit langem als Hilfe in der Therapie genutzt. Kranken und erschöpften Menschen wurde zu allen Zeiten viel Schlaf, manchmal sogar eine „Schlafkur" verordnet. Und bei der Behandlung psychiatrischer Krankheiten spielte der „Heilschlaf" vor der Entwicklung von Psychotherapie und Psychopharmaka eine wichtige Rolle.

Ungebrochen ist bis heute der Mythos vom „Schönheitsschlaf". Allerdings: Auch wenn man alles andere als frisch aussieht, wenn man eine Zeit lang schlecht oder zu wenig schläft – die These vom Schlaf als „Schönheitsstifter" entbehrt genauso jeder wissenschaftlichen Grundlage wie die vom „Anti-aging-Mittel". Schlaf kann das Altern nicht verhindern. Er bewirkt jedoch, dass wir erholter – und in diesem Sinne besser – aussehen. Vor allem aber trägt er entscheidend dazu bei, dass wir gesund älter werden.

Erholung pur

Bislang galt ausschließlich der Tiefschlaf als Erholungsschlaf, denn während dieser Schlafphase erneuern sich unsere Zellen, der Körper produziert die meisten Proteine und den größten Teil seiner täglichen Menge an Wachstumshormonen. (Kinder wachsen übrigens nur während der Nachtphase, in der Wachstumshormone erzeugt werden.) Weil das Wachstumshormon die Kommunikation von Nervenzellen fördert und die Bildung spezieller Immunzellen aktiviert, bezeichnet man die Tiefschlafphasen als körperlichen Reparaturprozess.

Neuere Studien zeigen jedoch, dass es schon in der Einschlafphase zur Ausschüttung verschiedener Hormone kommt. Nach dem aktuellen Forschungsstand führt die motorische und körperliche Entspannung beim Einschlafen dazu, dass im Gehirn die gesamte neuronale Aktivität reduziert wird. Unmittelbar danach werden bereits Hormone, unter anderem auch ein Teil der Wachstumshormone ausgeschüttet, die eine wichtige Rolle bei der Regeneration unseres Immunsystems spielen. Während man bislang dachte, es würden im Körper bestimmte Stoffe ausgeschüttet, die den Schlaf einleiten, weiß man heute, dass die Entspannung (→ Seite 103) die entscheidende Voraussetzung für das Schlafen und damit für die Produktion des Wachstumshormons ist.

Zwischen drei und vier Uhr geht die Bildung des Wachstumshormons zurück. Der Körper schüttet nun das Stresshormon Kortisol aus, das uns auf einen aktiven Wachzustand vorbereitet. Bei gesunden Menschen weist das Blut morgens die höchste Konzentration dieses Hormons auf. Unter normalen Bedingungen nimmt sie am Nachmittag wieder ab, sodass nachts kaum noch Stresshormone im Blut vorhanden sind.

Ein interdisziplinäres Forscherteam an der Medizinischen Universität Lübeck unter Leitung des Neuroendokrinologen Jan Born untersucht derzeit die Einflüsse des Schlafes parallel auf psychologischer, immunologischer und stoffwechselabhängiger Ebene. Die bereits vorliegenden Studienergebnisse belegen einmal mehr die These, dass der Schlaf eine immense und umfassende Bedeutung für unseren Organismus hat: Er ist die Voraussetzung für neurochemische und elektrische Prozesse im Hirn, die über das Hormonsystem und das vegetative Nervensystem auch Stoffwechsel- und Immunprozesse im ganzen Körper steuern. Ausgangspunkt der fachübergreifenden Studien ist die Tatsache, dass wir in der Wachphase mit zahlreichen (sozialen, psychischen und umweltbedingten) Stressoren konfrontiert sind, auf die wir ständig adäquat reagieren müssen. Auch unser Stoffwechsel muss diese rasch wechselnden Situationen und darüber hinaus noch den Angriff unterschiedlicher Viren und Bakterien bewältigen. Diesen permanenten Herausforderungen ist unser Körper nur gewachsen, wenn er die notwendigen

„Lernen" im Schlaf

Ein Lübecker Forscherteam stellte fest, dass der Schlaf eine herausragende Rolle bei Lernprozessen spielt. Das gilt insbesondere für sensomotorische Fähigkeiten wie zum Beispiel Klavier spielen, Zeichnen, Ski laufen, handwerkliches Arbeiten, aber auch für geistiges Lernen. Diejenigen Testpersonen, die in der ersten Nacht nach ihren Übungen geschlafen hatten, wiesen eine Woche später einen bis zu zehnfach höheren Lerneffekt auf als die Gruppe, die in der ersten Nacht wach geblieben war, in allen folgenden Nächten jedoch normal geschlafen hatte. Die Wissenschaftler folgern daraus, dass das Langzeitgedächtnis wahrscheinlich nur im Schlaf gebildet wird und offensichtlich die erste Nacht nach dem Training entscheidend ist.

Möglicherweise liefern die Untersuchungsergebnisse der Lübecker Forscher auch einen Erklärungsansatz für das Phänomen, dass wir uns an viele Kindheitserlebnisse besser erinnern als an Ereignisse aus den vergangenen Wochen: In der Kindheit schlafen wir besser und länger als im Erwachsenenalter. Deshalb funktioniert wahrscheinlich die schlafassoziierte Gedächtnisbildung in jungen Jahren deutlich besser als in späteren.

Forscher der Universität Turku in Finnland haben festgestellt, dass bereits Babys im Schlaf lernen. Sie hatten den Kindern während des Schlafes die Laute „i" und „ü" vorgespielt. Diese Babys reagierten später deutlich stärker auf die Vokale als die Vergleichsgruppe.

Für die immunologische Fragestellung wurde ein Teil der Lübecker Versuchspersonen gegen Hepatitis A geimpft. Die eine Hälfte von ihnen schlief in der darauf folgenden Nacht normal, die andere Hälfte hielt sich wach. Danach gingen beide Gruppen ihrer gewöhnlichen Arbeit nach. Nach vier Wochen hatten sich bei den Testpersonen, die in der Nacht nach der Impfung geschlafen hatten, doppelt so viele Antikörper gegen den Hepatitis-Erreger gebildet wie bei denen, die wach geblieben waren. Die „Schläfer" haben folglich bei einem potenziellen Kontakt mit dem Hepatitis-Erreger deutlich höhere Chancen, mit der Infektion fertig zu werden als die „Nicht-Schläfer". Das bedeutet aber auch, dass Menschen, die unter chronischen Schlafstörungen und Schlafmangel leiden, nach einer Impfung möglicherweise nur einen eingeschränkten Schutz haben.

Reaktionen und Bewältigungsstrategien aus einer Art internem „Speicher" abrufen kann. Die Wissenschaftler nennen das die „Gedächtnisbildung des Organismus". Dieses „Gedächtnis" kann sich aber nur in einem Zustand der Ruhe bilden, wenn alle Körperfunktionen auf ein Minimum reduziert sind – nämlich im Schlaf.

Welche Schlaflage ist die beste?

Die Schlaflage hängt in der Regel vom Lebensalter ab, von der gesundheitlichen Verfassung und von persönlichen Vorlieben. Kinder schlafen häufig auf dem Rücken. Nach einer Erhebung des schlafmedizinischen Zentrums der Universität Regensburg bevorzugen rund 50 Prozent der Erwachsenen ebenfalls die Rückenlage, der Rest schläft überwiegend auf der rechten Seite. Kranke Menschen nehmen automatisch eine Schlaflage ein, die ihre Beschwerden nicht noch verstärkt.

Es gibt keine Lage, die sich als besonders schlaffördernd erwiesen hätte. Am vorteilhaftesten für den Rücken ist jedoch die Rückenlage, besonders wenn der Nacken mit einem Kissen unterstützt wird (→ Seite 95), während die Bauchlage am ungünstigsten ist, da hier der Rücken ein Hohlkreuz bildet (wer diese Lage bevorzugt, sollte sich deshalb unbedingt ein Kissen unter den Bauch schieben). Allerdings behält niemand die ganze Nacht über die Position bei, die er beim Einschlafen eingenommen hat. Wir drehen uns meist zu ganz bestimmten Zeiten um: kurz vor und nach dem REM-Schlaf (→ Seite 29). Das mehrfache Umdrehen gehört zum ganz normalen Schlafverlauf und ist auch aus physiologischen Gründen sinnvoll und notwendig: Es wäre schädlich, die ganze Nacht über in einer bestimmten Körperhaltung zu verharren, weil dann der Druck immer auf denselben Stellen lastete. Der mehrmalige Lagewechsel, den wir in der Regel gar nicht wahrnehmen, gewährleistet, dass wir immer wieder für Entlastung sorgen. Kranke Menschen, die sich nicht selbst drehen können, müssen umgebettet werden, damit sich keine Druckstellen bilden.

In den Medien ist gelegentlich von einer „Körpersprache des Schlafes" die Rede. Es wird zum Beispiel behauptet, dass Menschen, die am liebsten in der „Fötus-Lage" einschlafen (also wie das Ungeborene im Mutterleib), ein besonders stark ausgeprägtes Schutzbedürfnis haben. Wer auf dem Bauch einschläft, liebt angeblich keine Überraschungen und will im Leben immer alles unter Kontrolle haben. Die Rückenlage wird dagegen als „königlich", als Ausdruck eines tiefen Urvertrauens und eines gesunden Selbstbewusstseins gewertet. Diese Interpretationen sind jedoch sehr umstritten und wissenschaftlich nicht bewiesen.

Schlafmangel macht krank

Weil der Schlaf eine so herausragende Bedeutung für unser Leben hat, kann ein Mangel daran schwer wiegende Folgen nach sich ziehen. Kurzfristig bewirkt er, dass wir tagsüber übermüdet und gereizt sind, dass wir uns schlechter konzentrieren und weniger schnell auf äußere Faktoren reagieren können als sonst. Übermüdung kann darüber hinaus einen unbeabsichtigten sekunden- oder gar minutenlangen Tagesschlaf auslösen, sodass die Unfallgefahr am Arbeitsplatz und im Straßenverkehr deutlich steigt.

Wissenschaftliche Studien, die von einem Forscherteam der Universität Chicago unter der Leitung von Eve Van Cauter durchgeführt wurden, belegen eindeutig, dass chronischer Schlafmangel ein erhöhtes Risiko für körperliche, geistige und seelische

Erkrankungen birgt. Ein permanentes Schlafdefizit führt zwar nicht direkt zum Tod, es macht uns aber anfällig für ernsthafte Krankheiten und kann deshalb indirekt lebensverkürzend wirken.

„Er war in unsägliche und darum unglückliche Liebe zu seiner Cousine Elsbeth entbrannt und seit jener Zeit nicht länger willens, auch nur einen Augenblick lang zu ruhen, bis dass er das Geheimnis der Unmöglichkeit seines Liebens zugrunde geforscht hätte. Tapfer hielt er bis zu seinem unglaublichen Ende bei sich, dass die Zeit des Schlafes Verschwendung und folglich Sünde sei, ihm dereinst im Fegefeuer aufgerechnet werde, denn im Schlaf sei man tot, jedenfalls lebe man nicht wirklich. Nicht von ungefähr vergliche ein altes Wort Schlaf und Tod mit Brüdern. Wie, dachte er, könne ein Mann reinen Herzens behaupten, er liebe sein Weib ein Leben lang, tue dies aber nur des Tags und dann vielleicht nur über die Dauer eines Gedankens? Das könne nicht von Wahrheit zeugen, denn wer schlafe, liebe nicht."

Aus: „Schlafes Bruder" von Robert Schneider

Körperliche Folgen

Selbst bei jungen Testpersonen, die eine Woche lang mit nur vier Stunden Schlaf pro Tag auskommen mussten, hinterließ die Schlafverkürzung deutliche Folgen: Der Kohlenhydratstoffwechsel verschlechterte sich, die Blutzuckerwerte (Glukose) waren erhöht, die Produktion der Schilddrüsenhormone geriet durcheinander, und abends wurden hohe Werte des Stresshormons Kortisol im Blut gemessen, die der Körper normalerweise erst in den frühen Morgenstunden ausschüttet. Diese Veränderungen ähneln denen, die im Frühstadium der Zuckerkrankheit und häufig auch bei alten Menschen auftreten. Bei vorübergehendem Schlafmangel bilden sich diese Stoffwechselentgleisungen zwar wieder zurück. Wer jedoch ständig zu wenig schläft, muss diesen Mangel teuer bezahlen.

Wenn das optimale Schlafquantum (→ Seite 41) längerfristig nicht erreicht wird, kann es zu einer ganzen Reihe von Beschwerden kommen: Häufig treten Sehstörungen auf, bei denen die Augen brennen und schmerzen. Es kann zu Missempfindungen in Armen und Beinen kommen, die von Zittern und Schmerzen begleitet sind. Die Schmerzschwelle ist insgesamt niedriger als sonst. Der Rhythmus von Herzschlag und Atmung wird unregelmäßig, der Blutdruck kann ansteigen oder fallen.

Tests mit Versuchspersonen, die 24 Stunden nicht geschlafen hatten, offenbarten dass es einen engen Zusammenhang zwischen schlaftrunken und betrunken gibt. Der Schlafentzug entsprach der Wirkung von einem Promille Alkohol im Blut: Gedächtnis und Aufmerksamkeit, Koordinations- und Reaktionsfähigkeit waren erheblich eingeschränkt.

Auch mehrere wissenschaftliche Experimente mit Tieren zeigen, wie schädlich Schlafentzug sein kann. So wurden zum Beispiel Ratten künstlich einige Wochen lang am Schlafen gehindert. Schon nach zehn Tagen kam es zu deutlichen Stoffwechselentgleisungen und zu einer Schwächung des Immunsystems. Die Tiere konnten ihre Körpertemperatur nicht mehr auf der gewohnten Höhe halten, fraßen immer mehr und verloren dennoch an Gewicht. Kurz darauf entwickelten sie Infektionskrankheiten und Tumoren – nach vier Wochen starben sie.

Psychische Folgen

Schlafmangel wirkt sich auch auf unsere Psyche aus. Mehrere Studien belegen, dass Menschen schreckhaft, reizbar, und misstrauisch werden, wenn sie über längere Zeit nicht auf ihr persönliches Schlafquantum kommen. Die Stimmung verschlechtert sich, Wahrnehmungs- und Konzentrationsfähigkeit nehmen ab. Wird der Schlaf, egal ob freiwillig oder gezwungenermaßen, über einen längeren Zeitraum auf ein absolutes Minimum reduziert oder gar völlig verhindert, stellen sich vermehrt Depressionen, Sinnestäuschungen und Halluzinationen ein. In Diktaturen wird Schlafentzug deshalb auch als Foltermethode genutzt, um Menschen gefügig zu machen und „Geständnisse“ zu erpressen. Wer wochenlang nicht genug geschlafen hat, bringt kaum noch Interesse für seine Umwelt auf und will in aller Regel nur noch eines: endlich wieder ausschlafen!

Wie viel Schlaf braucht der Mensch?

Um gesund und leistungsfähig zu sein, brauchen wir ausreichend Schlaf. Doch wie lange wir nachts in Morpheus' Armen weilen sollen, darüber schieden sich – und scheiden sich noch heute – die Geister.

Von Napoleon, der nur vier Stunden pro Nacht geschlafen haben soll, stammt der Ausspruch: „Fünf Stunden für einen erwachsenen Mann, sechs für einen jungen, sieben für eine Frau und acht – für Dummköpfe."

Auch ein anderer berühmter Kurzschläfer der Geschichte, der Amerikaner Thomas Edison, der die Glühbirne erfand, hielt den Schlaf für vergeudete Zeit und kam offenbar mit zwei Stunden Nachtruhe aus. Ein Schlafverächter unserer Zeit, der bekannte Filmemacher Rainer Werner Fassbinder, soll gesagt haben: „Schlafen kann ich, wenn ich tot bin" – und starb im Alter von 37 Jahren.

Zu allen Zeiten gab es aber auch ebenso berühmte wie geniale Schlaffreunde. Der Physiker Albert Einstein schlief bis zu zwölf Stunden täglich. Und Johann Wolfgang von Goethe, der sich mindestens neun Stunden Nachtruhe gönnte, schrieb seinerzeit an Charlotte von Stein: „Ich habe nur zwei Götter: dich und den Schlaf. Ihr heilet alles an mir, was zu heilen ist."

Auch der Dramatiker Friedrich Hebbel wusste den erquickenden Schlaf zu schätzen und schrieb: „Der Schlaf ist die Nabelschnur, durch die das Individuum mit dem Weltall zusammenhängt."

In jüngster Zeit mehren sich Presseberichte, in denen beklagt wird, dass wir zum Schaden unserer Gesundheit heute täglich zwei Stunden weniger schlafen als unsere Vorfahren vor 100 Jahren. Doch die damalige Realität muss genauer betrachtet werden: Denn neun, zehn oder noch mehr Stunden Nachtschlaf konnten sich lediglich die wohlhabenden Schichten leisten. Berücksichtigt man zum Beispiel die extrem langen Arbeitstage der Industriearbeiter (sie kamen meist erst um 23 Uhr nach Hause und mussten um vier Uhr morgens wieder aufstehen), wird deutlich, dass die Menschen um 1900 im Durchschnitt nur ebenso lange schliefen wie heute: zirka sieben bis acht Stunden. Schon vor 400 Jahren soll die durchschnittliche Schlafdauer sieben Stunden betragen haben. Auch die weit verbreitete Meinung, nach der man mindestens acht Stunden pro Nacht schlafen muss, wurde inzwischen von der Forschung widerlegt. Denn wie viel Schlaf ein Mensch tatsächlich braucht, ist eine höchst individuelle Angelegenheit.

Von Normal-, Kurz- und Langschläfern

Eine repräsentative Studie des Schlafmedizinischen Zentrums der Universität Regensburg hat über 4 000 Menschen zirka 1 500 Fragen zu ihrem Schlafverhalten gestellt. Demnach gehen die Deutschen durchschnittlich gegen 23 Uhr zu Bett und stehen morgens gegen 6.15 Uhr wieder auf. Da sie rund 15 Minuten zum Einschlafen benötigen, schlafen sie ziemlich genau sieben Stunden. Nach Ergebnissen einer Untersuchung der Österreichischen Gesellschaft für Schlafmedizin und Schlafforschung braucht die Mehrheit der Österreicher, nämlich 63 Prozent, mit sieben bis acht Stunden etwas mehr an Schlaf.

Die Kurzschläfer sind platzestolz auf ihre Tüchtigkeit. Selbst Menschen, die nachts (beim besten Willen) nicht schlafen können, berichten mit einer Art Stolz von ihrem Leiden, wie der Philosoph Bertrand Russell einmal spöttisch festgestellt hat. In unserer Leistungsgesellschaft gilt der als schick, der eine Unruhe in sich ticken fühlt, die sich kaum abstellen lässt. Sein träges Gegenstück hingegen, der Schlafsüchtige, verbirgt verschämt seine Abartigkeit, immer gewärtig, dass ihm „Wer schläft, sündigt nicht" nachgerufen wird, oder ein hochmütiges „Den Seinen gibt's der Herr im Schlafe".

Aus: „Kopfsalat. Spottreportagen für Besserwisser" von Eike Christian Hirsch

Die meisten Menschen sind „Normalschläfer", die zwischen sechseinhalb und acht Stunden schlafen. „Kurzschläfer" brauchen weniger als sechs Stunden und „Langschläfer" mehr als neun Stunden Schlaf pro Nacht. Zu welcher Kategorie von Schläfern man gehört, ist weitgehend genetisch vorgegeben, genauso wie die Disposition zum Morgen- oder Abendmenschen (→ Seite 22) oder die Farbe unserer Augen und unserer Haare. Darüber hinaus spielt neben Erbfaktoren, der körperlichen Belastung und der gesundheitlichen Verfassung, in der wir uns befinden, das Lebensalter eine zentrale Rolle (→ Seite 42).

Obwohl die einzelnen Gruppen unterschiedlich lange schlafen, ist ihre Schlafarchitektur, das heißt die Abfolge der einzelnen Schlafstadien – von der Ein- über die Tief- bis zur REM-Schlafphase – gleich. Auch an der Dauer des rund 90-minütigen Schlafzyklus ändert sich nichts (→ Seite 29). Aus schlafmedizinischen Untersuchungen geht außerdem hervor, dass Langschläfer nicht mehr Zeit im Tiefschlaf verbringen als Kurzschläfer. Sie halten sich aber länger im Leicht- und im REM-Schlaf auf, was möglicherweise für ihre Erholung wichtig ist. Kurzschläfer schlafen offenbar effektiver, während Langschläfer sich trotz der längeren Schlafdauer oft weniger ausgeruht fühlen als Kurz- und Normalschläfer. Manche Forscher haben daraus den Schluss gezogen, dass Kurzschläfer besonders aktive, leistungsstarke Persönlichkeiten sind, die Stress und Belastungen besser bewältigen können als Langschläfer. Bei Letzteren sahen sie dagegen eine Neigung zu Langsamkeit, Introversion und Depressionen. Da in wieder anderen Studien Langschläfer als besonders kreative und kritische Geister dargestellt werden, ist bei all diesen Interpretationen Vorsicht angesagt.

Interessant sind die Ergebnisse einer breit angelegten Studie über den Zusammenhang zwischen Schlafdauer und Gesundheit, die US-amerikanische Psychiater bereits 1959 durchgeführt haben. Sie befragten eine Million Erwachsene nach ihren Schlafgewohnheiten. Sechs Jahre später wiederholten sie die Untersuchung. Man fand heraus, dass viele der Teilnehmer, die bei der ersten Befragung angegeben hatten, entweder weniger als sieben oder mehr als acht Stunden zu schlafen, zum Zeitpunkt der zweiten Befragung bereits verstorben waren. Von den „Normalschläfern", die nachts gewöhnlich zwischen sieben und acht Stunden schliefen, hatten deutlich mehr überlebt.

Eine sechsjährige Studie der University of California in San Diego, die im Frühjahr 2002 abgeschlossen wurde, und an der 1,1 Millionen Frauen und Männer zwischen 30 und 102 Jahren teilgenommen hatten, kommt zu einem etwas anderen Ergebnis. Bei dieser Untersuchung stellte sich heraus, dass eine tägliche Schlafdauer von sechs bis sieben Stunden aus medizinischer Hinsicht optimal ist. Denn die Personen, die regelmäßig sechs bis sieben Stunden schliefen, hatten, statistisch betrachtet, ein niedrigeres Risiko, innerhalb des Untersuchungszeitraums zu sterben als diejenigen Probanden, die weniger als vier oder mehr als acht Stunden schliefen.

Diese Studien lassen aber nicht den Rückschluss zu, dass Normalschläfern ein langes Leben beschert ist. Sie sind allenfalls ein Indiz dafür, dass ein Zusammenhang (der noch genauer untersucht werden muss) zwischen Schlaf- und Lebensdauer besteht. Schlafforscher vermuten, dass Menschen, die kürzer oder länger schlafen als Normalschläfer, möglicherweise unter einer Krankheit leiden und deswegen früher sterben, während ein sechs- bis sieben- oder achtstündiger Schlaf wahrscheinlich mit einer stabilen Gesundheit einhergeht. Die Schlafdauer allein ist also nicht die Ursache der unterschiedlichen Lebenserwartung.

Qualität statt Quantität

In der Schlafmedizin geht man darüber hinaus davon aus, dass nicht die Schlafdauer, sondern die Schlafqualität für den Erholungswert des Schlafes entscheidend ist. Die lässt sich jedoch nicht in Zahlen, sondern „nur" in Wohlbefinden messen. Das heißt, dass die körperliche und seelische Verfassung am nächsten Tag der beste Gradmesser für den Schlaf der vorangegangenen Nacht ist. Wenn wir ausgeruht sind, brauchen wir uns über unseren Schlaf keinerlei Gedanken zu machen – egal, ob wir viel oder wenig geschlafen haben. Ausschlaggebend ist jedoch nicht, wie wir uns unmittelbar nach dem Aufwachen fühlen. Denn das hängt davon ab, wann der Wecker klingelt. Reißt er uns aus dem Tiefschlaf, fühlen wir uns müder, als wenn wir aus dem Leicht- oder REM-Schlaf erwachen. Wichtig ist, wie erholt und leistungsfähig wir tagsüber sind.

In den ersten vier bis fünf Stunden nach dem Einschlafen ist unser Schlaf am tiefsten und deshalb am erholsamsten. Den

Rest verbringen wir überwiegend in der Leichtschlafphase, aus der wir schneller erwachen und die für „Normalschläfer" (→ Seite 38) keine wesentliche Bedeutung für den Erholungswert des Schlafes mehr hat.

Ausgehend von einer Mindestdauer von vier bis fünf Stunden Schlaf sollte deshalb jeder versuchen, sein persönliches Optimum herauszufinden. Das kann bei den einen bei sechs, bei anderen bei siebeneinhalb und bei wieder anderen bei neun Stunden liegen. Mehr Schlaf, als es dem individuellen Bedürfnis entspricht, fördert weder die Gesundheit noch die Leistungsfähigkeit. Wer beispielsweise am Wochenende zwei oder drei Stunden länger schläft als sonst, hat unter Umständen mit Kopfschmerzen und Kreislaufbeschwerden zu kämpfen. Häufig fühlt man sich müde und zerschlagen, wenn man zu lange im Bett war und hat große Mühe, richtig in Schwung zu kommen. Schlafmediziner raten deshalb, abends möglichst immer zur gleichen Zeit ins Bett zu

Schlafmythen

Falsch: Der Schlaf ist ein rein passiver Zustand, in dem sämtliche Körperfunktionen auf ein Minimum reduziert sind.

Richtig: Schlaf ist ein teilweise höchst aktiver Zustand. Das gilt insbesondere für das Gehirn, über dessen Aktivitäten man mithilfe des Schlaflabors messbare Informationen gewonnen hat, aber auch für eine ganze Reihe von Stoffwechsel- und Immunprozessen.

Falsch: Man muss die ganze Nacht über tief und fest schlafen.

Richtig: Gesunder Schlaf ist durch mehrere Schlafzyklen gekennzeichnet, die jeweils ein Einschlaf- und ein Leichtschlafstadium sowie zwei Tiefschlafstadien und ein REM-Schlafstadium enthalten (→ Seite 28). Jede Nacht durchlaufen wir vier bis sechs solcher Schlafzyklen, von denen jeder etwa 90 bis 100 Minuten dauert.

Falsch: Schlafunterbrechungen und Bewegungen im Schlaf sind Zeichen für einen gestörten Schlaf.

Richtig: Mehrfaches Aufwachen, zum Beispiel am Ende eines Schlafzyklus, ist völlig normal. Außerdem ist es physiologisch gut, wenn wir nachts öfters die Lage wechseln.

Falsch: Jeder Mensch braucht mindestens acht Stunden Nachtschlaf.

Richtig: Das individuelle Schlafbedürfnis ist sehr unterschiedlich und schwankt zwischen vier und neun bis zehn Stunden pro Nacht. Außerdem ist die Schlafqualität weitaus wichtiger als die Schlafdauer.

Falsch: Der Schlaf vor Mitternacht ist am erholsamsten.

Richtig: Am erholsamsten ist der Tiefschlaf, weil während dieser Zeit die meisten Wachstumshormone gebildet werden, die für unsere Regeneration wichtig sind. Tiefschlaf haben wir überwiegend in der ersten Hälfte des Nachtschlafs – egal wann wir ins Bett gehen. Wir sollten aber deutlich vor drei Uhr nachts schlafen gehen, weil der Körper ab den frühen Morgenstunden kaum noch Wachstumshormone, sondern bereits Stresshormone produziert.

Falsch: Das Befinden unmittelbar nach dem Aufwachen ist ein Zeichen dafür, ob man gut oder schlecht geschlafen hat.

Richtig: Das Befinden direkt nach dem Aufwachen hängt davon ab, aus welcher Schlafphase man erwacht. Wacht man aus einer Leichtschlafphase auf, ist man deutlich munterer, als wenn man aus dem Tiefschlaf geweckt wird. Entscheidend für die Qualität des Nachtschlafs sind das Wohlbefinden und die Leistungsfähigkeit während des Tages.

gehen und morgens (auch am Wochenende) zur gleichen Zeit aufzustehen, damit sich ein stabiler Schlaf-Wach-Rhythmus entwickeln kann.

Ist der Schlaf vor Mitternacht wirklich am gesündesten?

Jahrhunderte lang glaubte man, dass zwei Stunden Schlaf vor Mitternacht gesünder seien als eine danach. Doch die moderne Schlafforschung gibt eine differenziertere Antwort auf die Frage nach dem optimalen Schlafzeitpunkt. Einigkeit besteht darüber, dass der Schlafbeginn in der Nacht liegen sollte und nicht am Tag oder in den frühen Morgenstunden, da unsere inneren Uhren (→ Seite 12) durch den Wechsel von Helligkeit und Dunkelheit beeinflusst werden. In den ersten Schlafzyklen (→ Seite 29) schlafen wir tiefer, und der Körper schüttet mehr Wachstumshormone aus als in der zweiten Nachthälfte. Damit die für die Regeneration unserer Zellen so wichtigen Wachstumshormone ihre Wirkung voll entfalten können, sollte man also nicht erst gegen drei Uhr nachts zu Bett gehen, wenn im Körper kaum noch Wachstumshormone gebildet werden und bereits die Produktion des Stresshormons Kortisol beginnt (→ Seite 33). Schlafmediziner empfehlen demzufolge den Schlaf vor der „biologischen Mitternacht", die bei „Normalschläfern" zwischen drei und vier Uhr nachts liegt; für Abendmenschen gilt ein späterer Zeitpunkt.

Jedes Alter hat seinen eigenen Schlaf

Schlafdauer ...

Unser Schlafverhalten wird ganz entscheidend durch unser Lebensalter geprägt. Im ersten Jahr nach der Geburt verbringt ein Säugling rund 16 Stunden täglich im Schlaf, der sich jedoch auf mehrere Phasen am Tag und in der Nacht verteilt. Im Vorschulalter schlafen Kinder in der Regel nur noch zweimal am Tag: etwa zehn bis zwölf Stunden in der Nacht, während sie in der Mittagszeit nur ein kurzes Nickerchen halten. Etwa ab dem Schulalter lassen die meisten Kinder die Siesta ausfallen. Die benötigte Schlafmenge beträgt dann, je nach Alter, zwischen neun und elf Stunden pro Nacht. Entgegen früheren Annahmen geht das Schlafbedürfnis in der Pubertät nicht zurück, sondern steigt noch einmal an (→ Seite 45). Erst um das 20. Lebensjahr herum pendelt es sich auf das individuelle Maß von sieben bis zirka neun Stunden ein.

Ab der zweiten Lebenshälfte brauchen wir wieder weniger Schlaf. 70-Jährige schlafen nachts in der Regel nur noch fünf oder sechs Stunden. Allerdings halten viele ältere Menschen einen Mittagschlaf und weitere über den Tag verteilte Nickerchen, sodass sie insgesamt doch wieder auf ein Schlafquantum von acht oder mehr Stunden pro Tag kommen.

... und Schlafqualität

Während ein Säugling rund die Hälfte seines Gesamtschlafs im REM-Schlaf (→ Seite 39) verbringt, beträgt der Anteil des „Traumschlafs" in der Pubertät nur noch rund 25 Prozent, verringert sich mit zunehmendem Lebensalter aber kaum noch.

Nicht Mandragora noch Mohn
noch alle Schlummersäfte der Natur
verhelfen dir zu dem süßen Schlaf,
der gestern dein noch war.
Shakespeare, Othello

Auch die anderen Schlafstadien verändern sich, je älter wir werden. In den ersten 20 Lebensjahren verbringen wir rund die Hälfte unseres Schlafes im Ein- und Leichtschlafstadium und zirka 25 Prozent im Tiefschlaf (→ Seite 28). Doch bereits im vierten Lebensjahrzehnt geht der Tiefschlafanteil deutlich zurück und beträgt in der Regel nur noch zwischen 5 bis 10 Prozent. Ab 50 Jahren verbringen wir die Nacht überwiegend in der Leichtschlafphase und im REM-Schlaf. Da man in diesen beiden Phasen grundsätzlich weniger tief schläft, wacht man häufig schon bei leisen Geräuschen auf. Dieser altersbedingte Rückgang des Tiefschlafs wird oft mit einer echten Schlafstörung (→ Seite 48) verwechselt. Doch in den meisten Fällen ist die Sorge unbegründet. Wir müssen uns, so schwer es uns auch fallen mag, ganz einfach daran gewöhnen, dass wir ab dem 40. Lebensjahr nicht mehr so fest schlafen wie in jungen Jahren, dass wir nachts häufiger wach werden und auch nicht jedes Mal sofort wieder einschlafen. Von dieser Erfahrung bleibt, von wenigen Ausnahmen abgesehen, niemand verschont. Zum Glück kommt uns der Tiefschlaf nicht von heute auf morgen, sondern ganz allmählich abhanden, sodass wir uns, wie an das Älterwerden überhaupt, an den veränderten Schlaf langsam gewöhnen können.

Schulbeginn kontra Biorhythmus

Schlafmediziner schlagen Alarm: Der hierzulande übliche Schulbeginn entspricht nicht den biologischen Rhythmen der Kinder. Neue wissenschaftliche Untersuchungen beweisen, dass die Leistungskurve von Schulkindern morgens um acht Uhr noch nahe am absoluten Tiefpunkt verläuft und ihre Lernfähigkeit um diese Zeit gegen Null tendiert. Erst ab neun Uhr erreicht ihre Leistungskurve ein Niveau, das sich zum Lernen eignet. Es nützt nichts, die Kinder abends früher ins Bett zu schicken, damit sie morgens früher wach werden. Da der Schlafzeitpunkt auch bei Kindern durch die innere Uhr gesteuert wird, gibt es nach Ansicht der Forscher nur eine Lösung: Die Kinder müssen morgens länger schlafen. Besonders hoch ist die gesundheitliche Belastung für Kinder, die in ländlichen Gegenden wohnen und teilweise schon um vier oder fünf Uhr morgens aufstehen müssen, um rechtzeitig zur Schule zu kommen. Ein kindgerechter Schultag sollte deshalb nicht früher beginnen als die Arbeitszeit der meisten Erwachsenen, das heißt – wie in den meisten anderen europäischen Ländern auch – erst um neun Uhr. Leider richten sich in Deutschland und Österreich die Schulzeiten zu sehr nach den (wenn auch zum Teil verständlichen) Bedürfnissen vieler Eltern und Lehrer. Doch das Wohl und die Gesundheit der Kinder sollten Vorrang vor den Arbeitszeiten der Erwachsenen haben.

Weitere Forschungsarbeiten zeigen, dass der in anderen Staaten übliche Schulbeginn um neun Uhr zu weniger Verspätungen führt, zu deutlich besseren Leistungen und einer geringeren Anfälligkeit für Krankheiten. Doch ausreichender Schlaf fördert nicht nur die Leistungsfähigkeit. Er hilft auch, Übergewicht zu vermeiden. Aus der Untersuchung des Instituts für Soziale Pädiatrie an der Universität München, an der rund 7 000 fünf- bis sechsjährige Kinder teilnahmen, geht hervor, dass diejenigen, die weniger als 10,5 Stunden pro Nacht schlafen, doppelt so häufig übergewichtig sind wie solche, die länger als elf Stunden schlafen. Die Wissenschaftler vermuten, dass dafür die Wachstumshormone (→ Seite 33) verantwortlich sind, die der Körper im Schlaf ausschüttet und die fettabbauend wirken.

Jugendliche Nachteulen

Jugendliche werden zu Unrecht von Eltern und Lehrern gescholten, wenn sie morgens nicht rechtzeitig aus dem Bett kommen und sich in der Schule nur mit Mühe wach halten können. Denn Ursache der ausgeprägten Morgen-Schläfrigkeit sind meist weder Disco oder Bettlektüre noch Internet oder nächtliche Telefongespräche mit Freunden. Bewiesen wurde das unter anderem durch ein mehrwöchiges Forschungsexperiment im

Nicht, dass Unterricht grundsätzlich langweilig oder nervtötend wäre, aber ein Aussetzer zwischendurch kann nie schaden. Die festgelegten Pausen auf dem Schulhof will und kann keiner verpassen. Jeder möchte mit Freunden ratschen, ein bisschen Tischtennis, Basketball, Fußball spielen oder erste Anbandelversuche unternehmen mit Schulkameradinnen oder -kameraden. Da ist keine Zeit, um mal kurz wegzuschlafen. Außerdem gibt es kaum einen Ort, sich zurückzuziehen. Viel besser und zudem eine imponierende Leistung ist es, während der Deutschstunde ein unbemerktes Nickerchen zu nehmen.

Aus: „Die Kunst des Nickerchens" von Harald Eggebrecht

Schlaflabor einer nordamerikanischen Universität, an dem Hunderte von Jugendlichen teilnahmen. Dabei stellte sich heraus, dass das Schlafbedürfnis der Jugendlichen mit dem Einsetzen der Pubertät wieder ansteigt. Auch hier scheint es keine geeignete Lösung zu sein, die jungen Leute früher ins Bett zu schicken. Denn offenbar ist der tägliche Schlaf-Wach-Rhythmus der Jugendlichen so gestellt, dass sie tatsächlich erst gegen elf Uhr abends einschlafen können und erst nach neun Uhr morgens richtig wach werden. Als Beweis gilt den Forschern die Produktion des Schlafhormons Melatonin (→ Seite 13), das bei Jugendlichen erst zwei Stunden später als bei Kindern seine höchste Konzentration im Blut erreicht. Da ihre innere Uhr also ständig mit den Ansprüchen der Außenwelt kollidiert, weisen viele Jugendliche einen erheblichen Schlafmangel auf. Der aber hat nicht nur negative gesundheitliche Folgen (→ Seite 35), sondern beeinträchtigt auch die Konzentration und das Leistungsvermögen und führt somit zu schlechteren Noten in der Schule. Auch für Jugendliche sollte deshalb der Unterricht erst ab neun Uhr morgens beginnen. Andernfalls besteht die Gefahr, dass viele junge Menschen schon in frühem Alter Schlafstörungen entwickeln.

Wenn die Nacht zum Albtraum wird

Leider habe ich durch Schlaflosigkeit und fatales Befinden wieder etliche schöne Tage für mein Geschäft verloren.
Schiller in einem Brief an Goethe

Schlafstörungen können zermürbend sein. Wer immer wieder schlecht oder zu wenig schläft, fühlt sich irgendwann nur noch als „ein halber Mensch". Ihm kommen Antrieb, Lebensfreude und Leistungsfähigkeit abhanden. Das Risiko, an einer Depression (→ Seite 61) zu erkranken, ist um das Fünffache erhöht. Kein Wunder, denn die Sorge um den Schlaf führt häufig in einen Teufelskreis: Bei vielen Menschen, die sich schlaflos im Bett hin und her wälzen, wächst die Angst, die Aufgaben des kommenden Tages nicht bewältigen zu können. Deshalb fürchten sie oft schon ab dem frühen Abend, wieder eine schlaflose Nacht zu verbringen. Häufig sind auch die Angehörigen in Mitleidenschaft gezogen. Nicht nur weil die Betroffenen immer wieder über ihren Schlaf klagen, sondern auch, weil sie meinen, sich tagsüber besonders schonen zu müssen und sich immer mehr aus sozialen Kontakten zurückziehen – was den Schlaf nicht fördert, sondern zusätzlich erschwert. So verlieren sie die Lust an vielen Dingen – und manchmal auch am Leben selbst. Schlaflosigkeit sollte deshalb niemand auf die leichte Schulter nehmen. Wenn sie länger anhält, ist eine kompetente fachliche Behandlung erforderlich (→ Seite 123).

„Du liegst in später Nacht zu Bett und kannst nicht schlafen. Die Straße ist still, in den Gärten rührt der Wind zuweilen die Bäume. Irgendwo schlägt ein Hund an; in einer fernen Straße fährt ein Wagen (...) Wieder und noch einmal klingt ein kleines Stück Leben herein, immer seltener, immer schwächer, und dann kommen die Stunden, wo alles müde ist und jeder leiseste Wind und jedes feine Mörtelkorn, das hinter den Tapeten niederrinnt, laut hörbar und mächtig wird und dir die Sinne erregt. Und kein Schlaf. Nur die Müdigkeit zieht einen feinen Schleier über Augen und Gedanken, du hörst ein rastloses Blut im Ohre klingen, du hörst im schmerzenden Kopf das feine, fieberne Leben, du spürst in aufliegenden Adern den gleichmäßigen und doch verwirrenden Takt der Pulse. Es hilft dir nichts, dich hin und her zu werfen, aufzustehen und dich wieder zu legen. Es ist eine von den Stunden, in denen du dir selbst auf keine Weise entrinnen kannst. Gedanken und Bewegungen des Gemüts und der Erinnerung werden in dir Herr, und du hast keine Gesellschaft, sie wie sonst totzureden."

Aus: „Schlaflose Nächte" von Hermann Hesse in: „Die Kunst des Müßiggangs"

Kein Anlass zur Sorge besteht, wenn wir nur hin und wieder schlecht schlafen, etwa vor einer Prüfung, in ungewohnter Umgebung, in Zeiten familiärer oder beruflicher Krisen, oder wenn uns Schmerzen plagen. Denn der Schlaf ist sehr störanfällig, und jede Beeinträchtigung unseres Wohlbefindens hinterlässt nachts ihre Spuren. In den meisten Fällen stellt sich die erholsame Nachtruhe von allein wieder ein, wenn die Ursache der Störung behoben ist.

Es gibt verschiedene Arten von Schlafstörungen und unterschiedliche Klassifikationsschemata. Im deutschsprachigen Raum werden sie in der Regel in vier Hauptgruppen unterteilt:

- Ein- und Durchschlafstörungen (Insomnien): Sie sind geprägt von Beschwerden über zu wenig oder nicht erholsamen Schlaf.
- Übermäßige Tagesmüdigkeit (Hypersomnien): Sie sind durch übermäßige Schläfrigkeit gekennzeichnet, obwohl die Betroffenen für ihr Gefühl gut und ausreichend geschlafen haben.
- Störungen des Schlaf-Wach-Rhythmus: Sie liegen vor, wenn das Bedürfnis nach Schlaf zur falschen Zeit auftritt, wenn es also erheblich von Zeitgebern wie Helligkeit und Dunkelheit und vom Schlafverhalten der Umwelt abweicht.
- Schlafgebundene Störungen (Parasomnien): Störende oder krankhafte Erscheinungen wie zum Beispiel Schlafwandeln, Angstträume, nächtliches Aufschrecken oder Zähneknirschen begleiten den Schlaf.

Ein- und Durchschlafstörungen

Diese Art der Schlafstörung (medizinisch als Insomnie bezeichnet) tritt am häufigsten auf. Rund 6 Prozent der Bevölkerung können nicht ein- oder nicht durchschlafen. Sie liegen endlos lange wach, drehen sich von einer Seite auf die andere, rücken zahllose Male ihr Kissen zurecht, zählen Schäfchen und haben nur einen Wunsch: endlich (wieder) einzuschlafen. Doch was immer sie tun, es scheint vergebens, denn der so sehnlich herbeigewünschte Schlaf stellt sich erst spät, nur für kurze Zeit oder ab den frühen Morgenstunden überhaupt nicht mehr ein.

Schlaf, den Schmerzen, Schlaf der Kümmernis,
Fremd, nahe mit lieblichem Hauch uns,
Glückspender, komm' glückspendender Gott!
Auf, breite die wimperdämmernde Nacht
Über das Auge rings.
Komm' heilender, Gott, komm schnell.
Sophokles

Ein- und Durchschlafstörungen entstehen aus dem Missverhältnis zwischen dem individuellen Schlafbedürfnis eines Menschen und seinem tatsächlichen Schlafvermögen. Wenn jemand beispielsweise sieben Stunden Schlaf benötigt, um am nächsten Tag ausgeruht und leistungsfähig zu sein, nachts aber häufig aufwacht und längere Zeit braucht, um wieder einzuschlafen, und so in der Regel nur auf fünf Stunden Schlaf kommt, liegt eine Schlafstörung vor. Das Gleiche gilt, wenn man sich erst nach neun Stunden Schlaf fit fühlt, jedoch lange braucht, um einzuschlafen und deshalb nachts nur sieben Stunden schläft.

In der Schlafmedizin misst man den subjektiven Angaben der Patienten heute wesentlich mehr Bedeutung zu als objektiven Werten aus dem Schlaflabor (→ Seite 135). Nur die Betroffenen selbst können sagen, ob ihr Schlaf ausreichend und erquickend ist oder ob sie ihn als zu kurz und nicht erholsam genug empfinden. Wer tagsüber häufig müde, erschöpft und gereizt ist, wer unter Konzentrations- und Antriebsschwäche leidet, unter Muskelschmerzen oder unter depressiven Stimmungen, hat wahrscheinlich eine Ein- oder Durchschlafstörung. Die mangelnde Fähigkeit, am Tag den gestörten Nachtschlaf durch einen kurzen, erholsamen Mittagschlaf (→ Seite 15) auszugleichen, gilt ebenfalls als charakteristisches Kennzeichen einer Insomnie.

Es gibt allerdings auch Schlafwahrnehmungsstörungen. Sie liegen dann vor, wenn Patienten der festen Überzeugung sind, nachts zum Beispiel nur zwei oder drei Stunden zu schlafen, obwohl die Messdaten im Labor eindeutig einen sechs- oder siebenstündigen Schlaf nachweisen. Menschen mit Schlafwahrnehmungsstörungen neigen dazu, die Zeit, in der sie wach im Bett liegen, deutlich zu überschätzen. In solchen Fällen kann es hilfreich sein, sich einen Schreibblock auf den Nachttisch zu legen, in den man zu jeder vollen Stunde die Uhrzeit einträgt. In den meisten Fällen wird man am nächsten Morgen erstaunt feststellen, dass man wesentlich mehr geschlafen hat, als man glaubte.

Die folgenden Merkmale deuten auf eine behandlungsbedürftige Ein- oder Durchschlafstörung hin:

- An mindestens vier Tagen in der Woche benötigt man länger als 30 Minuten zum Einschlafen beziehungsweise nach nächtlichem Erwachen zum Wiedereinschlafen.
- Die Beschwerden dauern länger als einen Monat an.
- Dauer und Ausmaß der Ein- oder Durchschlafstörung stehen in keinem Verhältnis zur eigentlichen Ursache (zum Beispiel Leistungsdruck, vorübergehender Stress in Beruf oder Privatleben).
- Die Beschwerden lassen auch dann nicht nach, wenn die ursprünglichen Auslöser nicht mehr bestehen.

- Die Tagesbefindlichkeit ist stark beeinträchtigt: Man fühlt sich müde, gereizt, überfordert, antriebslos und in seinem Konzentrations- und Leistungsvermögen deutlich eingeschränkt.
- Trotz Müdigkeit findet man auch am Tag (zum Beispiel um die Mittagszeit) nicht in den Schlaf.
- Die Angst vor dem Nicht-einschlafen-Können nimmt einen immer breiteren Raum ein und steigert sich zu einer regelrechten Bett- und Nachtangst.

Joseph zündete sich eine weitere Zigarette an und stellte sich ans Fenster. Der Regen fiel sanft, und die Tropfen klimperten sanft in den Dachrinnen. Joseph betrachtete das Fenster gegenüber auf der anderen Hofseite. Ein Mondstrahl beleuchtete schwach ein nur undeutlich erkennbares Möbelstück (...) Das Telefon klingelte. Seufzend nahm Joseph den Hörer ab.

- Hallo, Doktor, sagte eine dünne, zittrige Alte-Damen-Stimme, ich bekomme kein Auge zu ... Ich habe alles versucht ... Ich weiß nicht, was ich habe ... ich schlafe einfach nicht ...

- Ich schlafe auch nicht, Madame. Das ist nicht schlimm, das kommt vor, vor allem in Vollmondnächten.

- Aber ich schlafe sonst immer sehr gut, Doktor, sogar in Vollmondnächten! Ich habe nie unter Schlaflosigkeit gelitten, nie, nicht einmal, als mein Mann gestorben ist ... ich bitte Sie, ich fühle, dass ich etwas habe ... Ich wohne nur zwei Schritte weit weg ...

- Also, gut ...

Aus: „Im Reich des Schlafs" von Henri-Frédéric Blanc

Wenn das Leiden chronisch wird

In der Medizin unterscheidet man zwischen primärer und sekundärer Insomnie. Letztere tritt als Folge oder Begleiterscheinung einer anderen Störung oder eines traumatischen Erlebnisses auf. Wenn keine Ursache erkennbar ist und der gestörte Schlaf selbst die eigentliche Grundkrankheit ist, handelt es sich um eine primäre Insomnie. Schlafstörungen können sich auch verselbstständigen. Manche Menschen haben sich längst an ihren schlechten Schlaf gewöhnt und erinnern sich kaum noch an den Anlass, der die Störung vor Jahren oder gar Jahrzehnten hervorgerufen hat.

Manchmal beginnen die Beschwerden bereits in der Kindheit. Es gibt Familien, in denen Schlafprobleme gehäuft auftreten und ständiges Gesprächsthema sind. Wer als Kind im Umfeld traditioneller Schlechtschläfer aufwächst, hat in der Regel Mühe, selbst ein entspanntes Verhältnis zum Schlaf zu entwickeln.

Schlafstörungen entstehen häufig auch als Reaktion auf emotionale oder berufliche Belastungen und gehen dann in ein chronisches Leiden über. Dabei wird der schlechte Schlaf zunehmend zum alles beherrschenden Lebensthema der Betroffenen. Die Angst, in der kommenden Nacht wieder nicht schlafen zu können, beschäftigt sie bereits während des Tages. Parallel zu den Schlafproblemen entwickeln sich innere Anspannung und Unruhe, Nervosität und erhöhte Reizbarkeit. Menschen, die unter chronischen Schlafstörungen leiden, brauchen abends oft bis zu zwei Stunden oder noch länger, bis sie endlich einschlafen können. Andere wachen nachts mit starkem Herzklopfen und Angstgefühlen auf und liegen danach noch lange Zeit wach, bevor sie wieder in den Schlaf finden. Sie sind angespannt und unruhig, weil ihre Gedanken ständig um dieselben Probleme kreisen.

Circulus vitiosus der Schlaflosigkeit

Schlafbehindernde Gedanken

Grübeln im Bett

- negative Gedanken und Erwartungen bezüglich des Schlafes
- Nachdenken über mögliche negative Konsequenzen schlechten Schlafes

Aktivierung/Erregung

emotional:

- Ärger und Wut über Schlaflosigkeit
- Befürchtung negativer Konsequenzen des schlechten Schlafs

körperlich:

- Anspannung, Aktivierung

Schlaflosigkeit

Ungünstige Schlafgewohnheiten

- lange Bettzeiten, langes Wachliegen im Bett
- unregelmäßiger Schlaf-Wach-Rhythmus
- Schlaf tagsüber
- Versuche, vorzuschlafen und Schlaf nachzuholen
- Verbindung des Bettes mit schlafinkompatiblen Verhaltensweisen wie z. B. Grübeln im Bett

Konsequenzen

- Müdigkeit und Erschöpfung tagsüber
- Beeinträchtigung der Stimmung
- Einbußen in Leistungs- und Konzentrationsfähigkeit
- Einschränkung sozialer Aktivitäten

Quelle: *H. Schulz, Kompendium Schlafmedizin, Landsberg: ecomed Verlagsgesellschaft, 2001*

Häufig werden Schlafstörungen dadurch aufrecht erhalten, dass man den Schlaf mit allen Mitteln erzwingen will. Doch das verzweifelte: „Ich muss doch schlafen“ erzeugt vor allem eines: Die Angst, der Schlaflosigkeit ausgeliefert und am kommenden Tag nicht leistungsfähig zu sein. Das wiederum führt zu einer gesteigerten Erregung des sympathischen Nervensystems, was das Einschlafen erst recht erschwert und verhindert, dass man die Wachphasen zur Erholung und Entspannung nutzt.

Der Schlaf ist wie eine Taube: Streckt man die Hand ruhig nach ihr aus, setzt sie sich drauf. Greift man nach ihr, fliegt sie weg.
Dubois

Viele Menschen, die an chronischen Schlafstörungen leiden, können problemlos beim Fernsehen oder Musik hören einschlafen, weil dann der Druck, schlafen zu „müssen", fehlt. Sie sind aber sofort hellwach, wenn sie sich zu Bett begeben. Andere schlafen im Hotel, in den Ferien und generell in fremden Betten gut – nur nicht im eigenen Schlafzimmer. Da diese Form der Schlaflosigkeit häufig an Ort und Zeit des häuslichen Schlafes gebunden ist, sprechen Fachleute von einer erlernten oder konditionierten Schlafstörung. Die ständige schlafraubende (!) Sorge um den Schlaf gilt als erlernt beziehungsweise als erworben. Deshalb müssen chronisch Schlafgestörte erst wieder zu einer gelassenen, entspannten Haltung zum Schlaf finden (→ Seite 136).

Die Ursachen

Ein- und Durchschlafstörungen sind sehr vielschichtig. Die Ursachen reichen von äußeren Störfaktoren wie Helligkeit, Lärm und ungewohnten klimatischen Bedingungen über schlechte Schlafhygiene wie falsche Ernährung oder zu langes Fernsehen am Abend bis hin zu Dauerstress sowie organischen oder psychischen Erkrankungen.

Äußere Einflüsse

Zu den vorübergehenden Störfaktoren zählen ein verändertes Klima, bestimmte Wetterlagen und eine fremde Schlafumgebung. Reisen in andere Klimazonen oder Witterungswechsel, vor allem von kühlem zu schwülem Wetter, können den Schlaf deutlich beeinträchtigen. Manche Menschen, die in ihrer vertrauten Umgebung keine Schlafprobleme haben, entwickeln auf Reisen Ein- oder Durchschlafstörungen. Doch diese Beschwerden lassen im Allgemeinen nach einer kurzen Anpassungszeit nach. Problematisch wird es dagegen, wenn äußere Faktoren permanent den Schlaf stören.

■ Schichtarbeit und Zeitzonenwechsel

Schichtarbeit (→ Seite 19) und schnell aufeinander folgende Zeitzonenwechsel (→ Seite 19) wirken sich negativ auf die biologischen Rhythmen des Organismus aus. Ständig wechselnde Arbeitszeiten lösen bei Schichtarbeiterinnen und Schichtarbeitern vielfach ausgeprägte Ein- und Durchschlafstörungen und als Folge erhöhte Tagesschläfrigkeit aus. Nacht- und Schichtarbeiter schlafen zwei Stunden weniger als ihre Kollegen, die regelmäßig tagsüber arbeiten. Während der Nachtarbeit kommt es zu deutlichen Leistungseinbußen, einer erhöhten Fehlerquote und hohen Verletzungsraten. Um das Schlafdefizit von Schichtarbeitern so gering wie möglich zu halten, empfehlen Schlafmediziner bei der Wechselschicht das „schnell rotierende Schichtsystem". Das bedeutet, dass nur zwei bis drei Tage beziehungsweise Nächte in einer Schicht und dann in der nächsten gearbeitet wird. Diese Reihenfolge sollte „nach der Uhr" ablaufen, das heißt, auf eine Frühschicht folgt eine Spätschicht, darauf eine Nachtschicht und danach ein völlig arbeitsfreier Tag. Außerdem raten die Fachleute, Menschen, die bereits an Schlafstörungen und anderen Erkrankungen leiden, grundsätzlich von Schichtarbeit zu befreien.

■ Lärm

Ein regelrechter Schlafkiller ist der Lärm – eines der schwerwiegendsten Probleme für unsere Gesundheit überhaupt. Laute Geräusche, zum Beispiel Straßen-, Schienen- und Fluglärm, beeinträchtigen die Schlafqualität erheblich. Der Schlaf wird unruhig, oberflächlich und häufig unterbrochen. Wird der Lärm zur Dauerbelastung, entsteht eine chronische Stresssituation, die neben Schlafstörungen zu Herz-Kreislauf-Erkrankungen und bei Kindern sogar zu einer verzögerten geistigen Entwicklung führen kann. An laute Geräusche während des Schlafes

Der Störenfried im Bett

Rund ein Drittel der erwachsenen Deutschen und Österreicher schnarcht. Betroffen sind vor allem übergewichtige Männer. Doch in höherem Alter holen die Frauen kräftig auf: Ab 60 Jahren steigt die Quote bei beiden Geschlechtern auf über 50 Prozent. Schnarchen wird durch eine Verengung des Schlunds erzeugt. Dadurch kommt es zu einem stärkeren Luftzug, der das umliegende Gewebe in Schwingungen versetzt, wodurch die typischen Schnarchgeräusche entstehen. Alles, was die Luftwege verengt, verstärkt das Schnarchen. So kann zum Beispiel eine zu große Zunge das Schnarchen begünstigen, aber auch vergrößerte Gaumen- oder Rachenmandeln.

Alkoholgenuss, Rauchen und Schlafen in der Rückenlage können das Schnarchen noch verstärken. Ebenso Erkrankungen der oberen Luftwege wie Erkältungen, eine verstopfte Nase, Nebenhöhlenentzündungen und (Pollen)Allergien.

In den meisten Fällen ist Schnarchen ungefährlich, es reizt lediglich den Rachen und die Atemwege, verursacht sonst aber keine Beschwerden. Bei extrem lautem Schnarchen und nächtlichen Atemstillständen sollte dagegen ein Internist, ein Lungenfacharzt, ein Hals-Nasen-Ohren-Arzt oder gleich ein schlafmedizinisches Zentrum (→ Seite 134) aufgesucht werden, da es sich um eine Schlafapnoe handeln kann, die unbedingt behandelt werden muss (→ Seite 68, 144).

So harmlos das nächtliche Schnarchen für die meisten Betroffenen auch sein mag, so unerträglich ist es für alle, die im selben Zimmer schlafen. Zahllose Menschen treibt es Nacht für Nacht an den Rand der Verzweiflung, weil das hartnäckige „Sägen" ihres Bettpartners durch Kissen, Ohropax und in extremen Fällen sogar durch Wände dringt (Tipps für starke Schnarcher → Seite 145).

kann man sich nicht gewöhnen – gesundheitliche Schäden stellen sich ein. Selbst wenn wir glauben, der Lärm würde uns nicht stören, reagiert unser Körper auf ihn: Es kommt zu einer Erhöhung der Kortisolproduktion, sodass wir unter Stress stehen, während wir schlafen.

Man gähnt vergnügt und löscht die Lampen aus.
Nur auf der Straße ist noch etwas Licht.
Man legt sich nieder. Doch man schläft noch nicht.
Der Herr von nebenan kommt erst nach Haus.
Man hört, wie er mit einer Dame spricht.

Nun klappt man seine Augendeckel zu,
und vor den Augen tanzen tausend Ringe.
Man denkt noch rasch an Geld und solche Dinge.
Im Nebenzimmer knarrt ein kleiner Schuh.
Wenn doch die Dame in Pantoffeln ginge!

Man legt den Kopf auf lauter kühle Kissen
und lächelt in den dunklen Raum hinein.
Wie schön das ist: Am Abend müde sein
und schlafen dürfen und von gar nichts wissen!
Und alle Sorgen sind wie Zwerge klein.

Der Herr von nebenan ist froh und munter.
Es klingt, als ob er ohne Anlass lacht.
Man hebt die Lider schwer und senkt sie sacht
und schließt die Augen – und die Welt geht unter!
Dann sagt man sich persönlich Gute Nacht.

Wenn bloß der Schwarze dieses Mal nicht käme!
Er steigt ins Bett und macht sich darin breit
und geht erst wieder, wenn man furchtbar schreit.
Man wünscht sich Träume, aber angenehme,
und für Gespenster hat man keine Zeit.

Man war einmal ein Kind, ist das auch wahr?
Und sagte mühelos: „Mein Herz ist rein."
Das würde heute nicht mehr möglich sein.
Es geht auch so, auf eigene Gefahr ...
Man zählt bis dreiundsiebzig. Und schläft ein.

„Lob des Einschlafens" von Erich Kästner, aus:
„Gesammelte Schriften für Erwachsene"

„Hausgemachte“ Störungen

In vielen Fällen ist der gestörte Schlaf nichts weiter als die Folge eines schlecht strukturierten Tagesablaufs. Wer zum Beispiel zu spät aufsteht, sich tagsüber zu wenig körperlich bewegt, keine geregelten beziehungsweise abends zu schwere Mahlzeiten zu sich nimmt, zu viel Alkohol trinkt oder raucht, bis in die Nacht hinein am Computer oder vor dem Fernseher sitzt, verhindert selbst eine geruhsame Nacht. Eine Besserung stellt sich meistens schon ein, wenn man solche ungünstigen Lebensgewohnheiten verändert und die Regeln einer guten „Schlafhygiene“ beachtet (→ Seite 104).

Dauerstress

Das Wort Stress stammt eigentlich aus der englischen Umgangssprache und bedeutet dort so viel wie Druck oder Belastung. Gemeint ist eine von außen einwirkende Kraft, die im Organismus eine Spannung hervorruft (zum Beispiel Ärger, das Gefühl von Gehetztsein).

Die Wissenschaft liefert eine differenziertere Definition. Ausgehend von den Erkenntnissen des bekannten Stressforschers Hans Selye sind es nicht äußere Belastungsfaktoren an sich, die Stress erzeugen, sondern spezifische physiologische Reaktionen auf äußere Reize. Demnach sind nicht die Belastungsfaktoren ausschlaggebend, sondern die Art und Weise, wie wir damit umgehen. Hans Selye hatte in zahlreichen Tierexperimenten festgestellt, dass die unterschiedlichsten Reize, die auf ein Tier einwirken, immer die gleichen biochemischen Reaktionen auslösen: Es kommt zur Ausschüttung spezieller Hormone im Blut und schließlich zu bestimmten Veränderungen an einigen Organen. Der Forscher bezeichnete diese Reaktion des Körpers auf Reize als „Stress“.

Nicht nur bei Tieren, sondern auch bei unseren Vorfahren lag der Sinn dieser biologischen Stressreaktion darin, das Leben durch einen reflexbedingten Angriffs- und Fluchtmechanismus zu schützen. Droht von außen eine Gefahr, entwickelt der Organismus eine immense innere Kraft: Die Nebennieren schütten vermehrt Stresshormone wie Adrenalin und Kortisol aus, die Tätigkeit des Sympathikus-Nervs wird gesteigert, Puls, Blutdruck und Atemfrequenz steigen, der Magen-Darm-Trakt stellt die Verdauung ein, in Muskeln und im Gehirn werden Energien freigesetzt, sodass der Mensch innerhalb kürzester Zeit kampf- oder fluchtbereit ist. Heute geht es zum Glück nur noch selten darum, einen Angriff auf unser Leben abzuwehren. Aber nach wie vor reagiert unser Körper auf Situationen, die wir als gefährlich, bedrohlich und belastend einstufen, wie in Urzeiten: mit einer blitzartigen Mobilmachung seiner Kräfte.

Untersuchungen mit schlafgestörten Menschen zeigten, dass sie nicht unbedingt mehr Belastungen ausgesetzt sind als andere, aber deutlich größere Schwierigkeiten haben, sie zu bewältigen. Sie können sich schlechter entspannen, neigen vor allem nachts zu unfruchtbarem Grübeln und können kaum Handlungsstrategien entwickeln, um schwierige Lebenssituationen zu meistern.

Stresssituationen sind in unserem Alltag kaum zu vermeiden. Umso wichtiger ist es, wie wir uns verhalten, wenn wir mit Stressoren konfrontiert sind. Ob es uns gelingt, bei Termindruck und hoher Arbeitsbelastung, bei familiären oder beruflichen Konflikten, bei gesundheitlichen oder finanziellen Problemen oder an einem chaotisch verlaufenden Arbeitstag die Ruhe zu bewahren, oder ob wir mit Unruhe, Angst, Nervosität, Panik, Gereiztheit oder Verunsicherung reagieren. Ist Letzteres der Fall, wird in unserem Körper die oben beschriebene Alarmreaktion ausgelöst. So lange dies nur gelegentlich vorkommt und auf Anspannung immer wieder Entspannung folgt, ist unsere Gesundheit kaum gefährdet. Menschen, die jedoch in ständiger innerer Erregung leben, kommen auch abends nicht zur Ruhe. Sie schütten permanent zu viele Stresshormone aus, auch abends und im ersten Teil der Nacht, in dem der Körper normalerweise auf Ruhe schaltet und statt der Stresshormone Adrenalin und Kortisol die für unsere Regeneration so wichtigen Wachstumshormone produziert (→ Seite 33). Dauerhaft erhöhte Adrenalin- und Kortisolwerte im Blut verhindern jedoch einen erholsamen Schlaf. Aber nicht nur das: Sie schädigen auch unser Immunsystem und bewirken, dass wir anfälliger für Krankheiten werden. So zeigten Untersuchungen an älteren Menschen, dass jahrelanger Dauerstress unter anderem zu einer Schrumpfung des Gehirns führte.

Wie wichtig es ist, Stress gut zu bewältigen, belegen auch italienische Studien mit Hochbetagten. Die Wissenschaftler fanden heraus, dass Menschen, die bei guter Gesundheit ein hohes Alter erreichen, nur geringe Mengen von Stresshormonen im Blut aufweisen. Sie folgern daraus, dass man länger und gesünder lebt, wenn man frühzeitig lernt, gelassen mit Stressoren umzugehen (→ Seite 100).

Hormonelle Schwankungen

Zahlreiche Frauen klagen in Phasen, in denen es zu Hormonschwankungen und -umstellungen im Körper kommt, über mehr oder minder ausgeprägte Schlafstörungen.

Je nach Definition und Untersuchungskriterien fällt die Zahl der Frauen, die am **prä**men**s**truellen **S**yndrom (PMS) leiden, sehr unterschiedlich aus. Es tritt etwa zwei bis zwölf Tage vor der Menstruation auf, ist durch eine Reihe körperlicher und psychischer Beschwerden gekennzeichnet, zu denen neben Kopfschmerzen, Nervosität, Antriebslosigkeit und anderen Beschwerden auch Schlafstörungen gehören können. Bislang gibt es allerdings keine plausible Erklärung über den genauen Zusammenhang zwischen Menstruationszyklus und Schlafproblemen.

Behandlungsversuche, bei denen die jeweils am Zyklus beteiligten Hormone verabreicht wurden, haben keinen ausreichenden Nachweis erbracht, dass das PMS mit der gezielten Gabe spezieller Hormone zu beeinflussen wäre. Dagegen hat sich gezeigt, dass die Beschwerden bei fettarmer Ernährung und regelmäßigem Ausdauersport wie Walken, Laufen und Schwimmen zurückgehen können.

Auch während der Schwangerschaft kann der Schlaf gestört sein. Im ersten und zweiten Schwangerschaftsdrittel sind es ärztlichen Beobachtungen zufolge vor allem psychische Ursachen wie Ängste und Unsicherheiten im Hinblick auf das werdende Leben und den neuen Lebensabschnitt, die den Schlaf negativ beeinflussen. Im letzten Drittel kann es wegen der beeinträchtigten Zwerchfellatmung zu ausgeprägten Ein- und Durchschlafstörungen kommen, die jedoch nach der Entbindung wieder abklingen.

Viele Frauen in den Wechseljahren leiden an typischen Beschwerdebildern. Dazu zählen neben Hitzewallungen, Schwindel, Herzklopfen und Kopfschmerzen auch Probleme mit dem Schlaf. Diese sind zum Teil auf nächtliche Hitzewallungen und Schweißausbrüche zurückzuführen. Aber eben nur zum Teil. Aus einer Umfrage des Allensbach-Instituts mit mehr als 20 000 Frauen und Männern geht beispielsweise hervor, dass regelmäßige soziale Kontakte ein wirksamer Schutzfaktor gegen Schlafstörungen sind. So klagten berufstätige Frauen ab 45 Jahren deutlich seltener über Probleme mit dem Schlaf als Frauen, die keiner Erwerbsarbeit nachgehen.

Schulmediziner erklären die Schlafstörungen im Klimakterium mit schwankenden beziehungsweise sinkenden Östrogen- und Progesteronwerten im Blut und verordnen deshalb vorrangig Hormonpräparate. Doch eindeutige wissenschaftliche Studien über den genauen ursächlichen Zusammenhang zwischen verändertem Hormonspiegel und Schlaflosigkeit liegen bislang noch nicht vor. Für psychosomatisch orientierte Ärzte sind die Schlafprobleme nicht unbedingt organischer Natur, sondern Signale des Körpers, die auf Ängste und Überforderungen hinweisen.

Wenn der Schlaf gestört ist, dann wacht man eben auf. Aufwachen kann man aber nur aus einem schlafenden Zustand. Unser Alltagsbewusstsein ist mit einem schlafenden Zustand zu vergleichen. Ein Bewusstsein also, welches sich vorwiegend mit der materiellen Ebene beschäftigt. Dies aber ist lediglich die äußere Schicht unseres Daseins. Je wacher wir werden, umso mehr stoßen wir vor in die Mitte, in den einen Punkt, wo die Polarität aufgehoben ist. So gesehen, sind Schlafstörungen eine Aufforderung, aufzuwachen, sei es auch nur für kurze Momente, um wieder mit sich und seinem Innersten in Kontakt zu kommen.

Aus: „Feuerzeichenfrau", Ein Bericht über die Wechseljahre, von Julia Onken

Die Ursachen für den schlechten Schlaf sehen sie eher in den zahlreichen Belastungen, mit denen Frauen in dieser Lebensphase konfrontiert sind: die Furcht vor dem Älterwerden und dem vermeintlichen Verlust der Attraktivität, die Erfahrung, dass körperliche und seelische Anstrengungen schlechter verkraftet werden und der Körper mehr Ruhe- und Erholungsphasen braucht als in jungen Jahren, der Abschied von erwachsen gewordenen Kindern oder die Trauer über nicht geborene Kinder, die Sorge um die alt gewordenen Eltern, die zunehmend Hilfe und Unterstützung bei der Bewältigung des Alltags brauchen.

Bei Männern wurden nachlassende Leistungsfähigkeit, Stimmungsschwankungen und Schlafstörungen bislang weniger mit dem (langsamen) Rückgang der Testosteronproduktion als vielmehr elegant mit dem Begriff „Midlife-Crisis“ erklärt. Inzwischen ist jedoch eine Reihe von Wissenschaftlern der Ansicht, dass auch Männer in die Wechseljahre kommen. „Klimakterium virile“ heißt der medizinische Fachbegriff (abgeleitet vom lateinischen „vir“ = Mann). Tatsächlich stellen Männer, die bereit sind, sich mit ihrem körperlichen und seelischen Befinden auseinander zu setzen, ab dem 50. Lebensjahr ebenfalls eine Reihe von Veränderungen fest, die bislang als typische Begleitsymptome der weiblichen Wechseljahre galten: Sie fühlen sich nervöser und weniger belastbar als früher, klagen über Schlafstörungen und depressive Stimmungen und leiden häufig unter dem Konkurrenzdruck jüngerer Kollegen.

Da wir ab 40 Jahren deutlich weniger Tiefschlaf haben und deshalb nachts häufiger wach werden, muss sorgfältig geprüft werden, ob die Schlafprobleme in den Wechseljahren auf ganz normale alterstypische Veränderungen zurückzuführen sind oder ob es sich wirklich um eine behandlungsbedürftige Schlafstörung handelt (→ Seite 124).

Körperliche Erkrankungen

Zahlreiche organische Erkrankungen können sich störend auf den Schlaf auswirken. Das gilt unter anderem für:

- sämtliche Krankheiten, die mit Schmerzen verbunden sind (auch schlafgebundene Kopfschmerzen wie Migräne und Clusterkopfschmerzen, die häufig nachts oder in den frühen Morgenstunden beginnen und die Betroffenen aus dem Schlaf reißen),
- Krankheiten der Atemwegsorgane wie zum Beispiel Asthma, Bronchitis und Schlafapnoen (→ Seite 68, 144),
- Herz-Kreislauf-Erkrankungen wie zu hoher oder zu niedriger Blutdruck, Herzrhythmusstörungen, Durchblutungsstörungen des Herzens, Angina pectoris (Engegefühl in der Brust, das manchmal von heftigen, dumpfen Schmerzen hinter dem Brustbein begleitet ist),

- Magen-Darm-Leiden wie Magen-/Darmentzündungen oder Magen-/Darmgeschwüre, Zwölffingerdarmgeschwüre, die Völlegefühle oder Sodbrennen hervorrufen und dadurch zum Aufwachen führen können,
- Lebererkrankungen, insbesondere Lebezirrhose, aber auch Leberfunktionsstörungen mit starkem nächtlichem Juckreiz,
- Schilddrüsenüberfunktion,
- Nierenleiden,
- Gichtanfälle mit nächtlichen Schmerzattacken aufgrund zu eiweißreicher Kost oder abendlichen Alkoholkonsums,
- Weichteilrheumatismus (Fibromylagie-Syndrom mit Schmerzen des Bewegungsapparats und flachem, unruhigem Schlaf. Die betroffenen Menschen erwachen morgens häufig mit steifen, schmerzenden Gelenken und fühlen sich tagsüber oft sehr müde und erschöpft),

Das Syndrom der „unruhigen Beine"

Das so harmlos klingende Syndrom treibt zahlreiche Menschen, wenn sie sitzen oder liegen, an den Rand der Verzweiflung. Kaum haben sie sich abends ins Bett gelegt, beginnen die Beine unwillkürlich zu kribbeln, zu brennen, zu zucken und manchmal regelrecht auszuschlagen. Nur aufstehen und umhergehen verschafft den Leidgeplagten etwas Linderung. Da der Effekt jedoch nicht lange anhält, und die „unruhigen Beine" sich bald wieder bemerkbar machen, nachdem sie sich hingelegt haben, wandern die Betroffenen nachts oft stundenlang in der Wohnung auf und ab. Von erholsamem Schlaf können die meisten von ihnen nur träumen. Manche sind tagsüber so erschöpft, dass sie keiner geregelten Berufstätigkeit mehr nachgehen können.

Nach neueren Studien sollen in Europa und in den USA Millionen Menschen am Restless-Legs-Syndrom leiden. Schätzungen zufolge sind in Deutschland bis zu 5 Prozent der Bevölkerung von der Krankheit betroffen. In Österreich leiden nach Erhebungen der Österreichischen Gesellschaft für Schlafmedizin und Schlafforschung rund 8 Prozent der Bevölkerung an dieser Störung. Sie gilt als eine nervlich bedingte Erkrankung, über deren Ursachen allerdings erst wenig bekannt ist. Experten gehen bislang von einer (Hirn-)Stoffwechselstörung aus. Wissenschaftlerinnen des Max-Planck-Instituts vermuten, dass auch Hormone einen gewissen Einfluss auf die Erkrankung haben. Denn das Restless-Legs-Syndrom tritt häufiger bei Frauen auf, und zwar vermehrt bei Hormoneinnahme nach den Wechseljahren und in der Schwangerschaft.

Für eine exakte Diagnose ist eine aufwendige Untersuchung im Schlaflabor (→ Seite 135) erforderlich. Denn nur Messungen der Gehirnströme und der Muskelaktivitäten im Ruhezustand bringen Klarheit über die Erkrankung.

Muskelentspannende Tranquilizer können das Leiden lindern. Allerdings sind Beruhigungstabletten vom Benzodiazepin-Typ mit einem hohen Abhängigkeitsrisiko verbunden (→ Seite 128). Ärztlichen Beobachtungen zufolge sollen sich regelmäßiger Sport, Stretching-Übungen am Morgen und am Abend, eine besonders Vitamin B-, eisen- und mineralstoffreiche Ernährung, die zusätzliche Einnahme von Magnesium-Präparaten, eingeschränkter Kaffeekonsum sowie der Verzicht auf Alkohol und Nikotin günstig auf die Erkrankung auswirken.

Den Restless-Legs Betroffenen wird außerdem empfohlen, abends ein warmes Fußbad zu nehmen, anschließend die jeweiligen Muskelgruppen ausgiebig zu massieren, lange, warme Socken anzuziehen und mit einem kleinen Kissen zwischen den Knien in der Seitenlage zu schlafen. Außerdem sollen sie nicht zu früh zu Bett gehen, da die Beschwerden um Mitternacht meist ihren Höhepunkt erreichen.

- Schädel-Hirn-Trauma, in dessen Folge es häufig zu wiederholtem nächtlichem Aufwachen und damit zu einer erheblich verkürzten Gesamtschlafdauer kommt,
- Narkolepsien (→ Seite 70), die auf eine Störung der Hirnstammfunktion zurückgeführt werden und zu häufigen Schlafunterbrechungen führen,
- degenerative Hirnerkrankungen, die mit Schlaflosigkeit, Tagesschläfrigkeit, unwillkürlichen Bewegungen und Verhaltensauffälligkeiten einhergehen können,
- Parkinsonkrankheit, eine Gruppe neurologischer Erkrankungen, die insbesondere von Schlaflosigkeit, aber auch von Albträumen, optischen Halluzinationen, starken Wadenkrämpfen, Rückenschmerzen und Beinzuckungen begleitet sind,
- das Syndrom der „unruhigen Beine" (Restless-Legs-Syndrom, → Kasten, Seite 60).

Seelische Erkrankungen

Psychische Erkrankungen gehen fast immer mit erheblichen Ein- und Durchschlafstörungen einher. Besonders betroffen sind Menschen, die an Depressionen, Manien oder Angstkrankheiten leiden. Schlaflosigkeit ist aber auch häufiges Begleitsymptom von Demenzen, Schizophrenien und Zwangsstörungen.

■ Depressionen

Es gibt verschiedene Arten von Depressionen, die unterschiedliche Ursachen haben (können). Bezüglich der Klassifikation der einzelnen Krankheitsformen stößt man allerdings auf eine ziemliche Sprachverwirrung. In der Vergangenheit unterschied man im Wesentlichen die folgenden Formen: endogene, das heißt von innen heraus, aus unbekannter Ursache entstehende Depressionen, reaktive Depressionen, die nach belastenden Ereignissen auftreten (zum Beispiel beim Tod eines geliebten Menschen oder beim Verlust des Arbeitsplatzes) und neurotische Depressionen, die auf verdrängte Kindheitserfahrungen zurückzuführen sind und sich in späteren konfliktreichen Lebenssituationen herausbilden können. Von lavierter Depression spricht man, wenn das eigentliche seelische Leiden zunächst verborgen bleibt und in Form körperlicher Beschwerden auftritt.

Schlaflos
Aus Träumen in Ängsten bin ich erwacht;
was singt doch die Lerche so tief in der Nacht.
Der Tag ist gegangen, der Morgen ist fern,
aufs Kissen hernieder scheinen die Stern'.
Und immer hör ich den Lerchengesang;
o Stimme des Tages, mein Herz ist bang.
Theodor Storm

Das heutige Einteilungssystem zieht nicht mehr eine so strikte Trennungslinie zwischen endogenen, reaktiven und neurotischen Depressionen. Denn die Forschung hat gezeigt, dass sich die einzelnen Erkrankungsformen überlappen: Die meisten Menschen, die an einer Depression leiden, waren einige Zeit oder unmittelbar vor dem Ausbruch der Erkrankung mit emotional sehr belastenden Lebensereignissen konfrontiert.

Zu den häufigsten körperlichen Symptomen einer Depression gehört der gestörte Schlaf. Fast 90 Prozent der an Depressionen erkrankten Menschen leiden unter Schlaflosigkeit. Sie ist ein Symptom, das auch in der Literatur und in der Kunst überhaupt vielfach seinen Niederschlag gefunden hat. So komponierte beispielsweise Johann Sebastian Bach die berühmte Goldberg-Variation zur nächtlichen Ablenkung seines schlaflosen und melancholischen Auftraggebers.

Depressive beklagen stundenlanges, quälendes Nicht-ein-schlafen-Können, häufiges Erwachen und langes, ruheloses Wachliegen. Viele wachen schon gegen drei oder vier Uhr auf und finden danach überhaupt nicht mehr in den Schlaf. Häufig geraten sie in quälerisches Grübeln, und es gelingt ihnen nicht, den Teufelskreis angsterfüllter, pessimistischer Gedanken zu durchbrechen, in dem sie gefangen sind.

„Sie müssen früher aufstehen. Ich kann nicht dulden, dass Sie so lange liegen bleiben, sagte mir Frau Wilke. Ich lag nämlich tagelang im Bett. Mit mir stand es nicht gut. Verfall umgab mich. Ich lag wie in Schwermut; kannte mich, fand mich nicht mehr. Alle meine ehemals klaren, heiteren Gedanken schwammen in düsterer Verworrenheit und Unordnung. Das Bewusstsein lag mir wie zerschmettert vor den trauernden Augen. Die Gedanken- und Gefühlswelt durcheinandergeworfen. Alles tot, leer und hoffnungslos vor dem Herzen. Keine Seele und keine Freude mehr, und zu erinnern vermochte ich mich nur schwach, dass es Zeiten gab, wo ich fröhlich und mutig, gutherzig und zuversichtlich, gläubig und glücklich war. Wie schade, wie schade! Vor und neben dem Kopf und ringsherum nicht eine Spur von Aussicht mehr."

Aus: „Frau Wilke" von Robert Walser,
in: „Der Spaziergang"

Untersuchungen im Schlaflabor belegen, dass der Schlaf depressiver Menschen nicht nur verkürzt, oberflächlich und unruhig, sondern auch zerhackt ist und in seiner zeitlichen Struktur erheblich vom Schlaf gesunder Menschen abweicht. Die einzelnen Schlafstadien (→ Seite 28) werden nicht in der gleichen Abfolge durchlaufen, sondern beginnen relativ früh mit einer REM-Phase. Während gesunde Menschen erst nach zirka 90 Minuten den REM-Schlaf erreichen, haben depressive die erste REM-Phase oft bereits nach 50 Minuten, in manchen Fällen sogar schon wenige Minuten nach dem Einschlafen. Es kommt dabei auffallend häufig zu Angst-, Panik- oder Katastrophenträumen, die mit erhöhter Herz- und Pulsfrequenz einhergehen. Generell verschiebt sich der REM-Schlaf mehr in die erste Nachthälfte. Der besonders wichtige Tiefschlafanteil, der bei gesunden vor allem im ersten Teil der Nacht auftritt, ist bei depressiven Menschen deutlich verringert. Da der Schlaf und insbesondere die Schlafzyklen in den Morgenstunden offenbar eine depressionsverstärkende Wirkung haben, kann ein unter ärztlicher Aufsicht durchgeführter Schlafentzug (→ Seite 140) die depressiven Symptome mildern und die gestörte Schlafregulation günstig beeinflussen.

Manchmal ist es schwierig, Depressionen von Ein- und Durchschlafstörungen zu unterscheiden, da sich die Symptome sehr ähneln. Außerdem können Depressionen sowohl Ursache als auch Folge und Begleiterscheinung von chronischen Schlafstörungen sein. Die folgenden Symptome können auch bei einer Depression auftreten – eine ärztliche Abklärung ist deshalb dringend notwendig:

- Sie liegen nachts oft lange wach und können sich nicht von angstbetonten, sorgenvollen Gedanken lösen.
- Sie können abends lange nicht einschlafen. Beim Aufwachen in den frühen Morgenstunden fühlen Sie sich unausgeschlafen und niedergedrückt und finden nicht wieder in den Schlaf.
- Sie fühlen sich tagsüber müde, antriebslos, überfordert und haben zunehmend das Gefühl, dass Ihnen alles zu viel wird.
- Sie werden häufig von Selbstzweifeln, starken Ängsten, innerer Unruhe und pessimistischen Gedanken geplagt.
- Sie machen sich unbegründete Selbstvorwürfe und haben übertriebene Schuldgefühle anderen gegenüber.
- Sie verlieren das Interesse und die Freude an Aktivitäten, die Sie früher als angenehm erlebt haben (zum Beispiel an Ihrer Arbeit, an Hobbys, am Sport oder an Kontakten mit Menschen, mit denen Sie sich wohl gefühlt haben).
- Sie ziehen sich mehr und mehr von vertrauten Menschen zurück und empfinden Geselligkeit vorrangig als Belastung.
- Sie leiden an Denk- und Konzentrationsstörungen.
- Sie erleben sich als unschlüssig und haben große Mühe, Entscheidungen zu treffen.
- Sie haben weniger Appetit als früher und verlieren Gewicht.
- Sie haben – wiederkehrende – Todessehnsucht oder Selbsttötungsgedanken.

Der „Winterblues"

Wenn im Herbst die Tage kürzer und dunkler werden, steigen die Melatoninwerte im Körper (→ Seite 13). Dann fühlen wir uns insgesamt lust- und antriebsloser als in der hellen Jahreszeit. Doch bei manchen Menschen sacken sowohl Stimmung als auch Leistungsfähigkeit ungewöhnlich stark ab. In Extremfällen können sie fast handlungs- und damit arbeitsunfähig werden. Viele schleppen sich, mehr schlecht als recht, durch den Winter und erwarten sehnsüchtig den Frühling, in dem parallel zur Temperatur und zum Lichteinfall auch ihre Stimmung wieder steigt. Statistisch betrachtet, macht der Winterblues in unseren Breitengraden jedem zehnten Erwachsenen zu schaffen.

In der Wissenschaft spricht man von der Winterdepression, die im Englischen **S**easonal **A**ffective **D**isorder genannt wird. Die abgekürzte Form SAD lässt sich auch im Sinne eines Wortspiels erklären: „sad" aus dem Englischen übersetzt bedeutet „traurig" – und damit ist exakt umschrieben, wie die Menschen sich fühlen. Das Leiden wurde schon in vergangenen Jahrhunderten von Medizinern dokumentiert, doch offiziell gibt es die Diagnose „Winterdepression" erst seit Mitte der 80er Jahre.

Von anderen Depressionsformen unterscheidet sie sich vor allem durch zwei zusätzliche Symptome: Die betroffenen Menschen haben ein extrem hohes Schlafbedürfnis und würden den Winter am liebsten – wie manche Tiere – verschlafen. Darüber hinaus haben sie einen auffallenden Appetit auf kohlenhydratreiche Nahrungsmittel wie Brot, Nudeln und Süßigkeiten, vor allem auf Schokolade – was dazu führt, dass sie in der dunklen Jahreszeit oft deutlich an Gewicht zunehmen.

Dass das Phänomen ganz offensichtlich von der geographischen Lage und damit von der Einwirkung des Sonnenlichts abhängig ist, zeigen die folgenden Fakten: So klagt in Alaska fast jeder Dritte, im südlichen Florida dagegen nur jeder Fünfundzwanzigste über Symptome einer Winterdepression. Außerdem bessert sich das Befinden von Mittel- und Nordeuropäern deutlich, wenn sie den Winter zumindest teilweise im Süden verbringen können. Der großen Mehrheit derer, die in heimischen Gefilden überwintern müssen, kann häufiger Aufenthalt im Freien oder eine Lichttherapie (→ Seite 148) helfen, besser durch die dunkle Jahreszeit zu kommen.

■ Manien

Manien treten oft im Wechsel mit Depressionen auf. Menschen, die zu einer Manie neigen, leiden unter übermäßig starken Stimmungsschwankungen. In der akuten manischen Phase befinden sie sich in einem extrem hohen Erregungszustand, der sich in einem ausgeprägten Rede- und Bewegungsdrang ausdrückt. Im weiteren Verlauf kann es zu Verwirrtheitszuständen oder zu aggressiven Ausbrüchen kommen. Einsetzende Krankheitsschübe beginnen häufig mit Schlaflosigkeit. Die Betroffenen schlafen nur zwei, drei Stunden pro Nacht, manchmal auch gar nicht, betonen aber, sich morgens topfit zu fühlen. Bei manischen Erkrankungen helfen keine Schlafmittel. Sie können auch nicht selbst therapiert werden, sondern bedürfen einer gezielten psychiatrischen Behandlung.

■ Angsterkrankungen

Angsterkrankungen sind fast immer von mehr oder minder ausgeprägten körperlichen Symptomen begleitet. Sie reichen von Zittern, Herzklopfen, Herzrasen, Schwindel, Durchfall, Enge- und Erstickungsgefühlen über Schweißausbrüche und diffuse, immer wiederkehrende Schmerzen bis hin zu schweren Schlafstörungen. Oftmals wird das Einschlafen zusätzlich durch starke unbestimmte Angstgefühle erschwert. Viele Betroffene wachen nachts häufig aus Angst- oder Albträumen auf und können danach lange Zeit nicht wieder einschlafen. Sie fühlen sich dann meist hellwach, sind sehr angespannt und unruhig, beobachten ihre Herztätigkeit, kontrollieren den Puls und kreisen in ihren Gedanken angstvoll um alle möglichen realen oder potenziellen Gefahren und Probleme. Untersuchungen im Schlaflabor (→ Seite 135) weisen in der Regel eine hohe Übereinstimmung zwischen subjektiven Beschwerden und objektivem Befund aus. Der Schlaf angstkranker Menschen ist wenig erholsam, da sie sich überwiegend im Leichtschlaf befinden, also nur wenig Tiefschlaf haben.

Eine Sonderform ist die „Hypnophobie". Sie ist gekennzeichnet durch eine ausgeprägte Angst vor dem Schlaf, die sich auf das Bett oder den gesamten Schlafraum ausdehnen kann. Hypnophobiker befürchten, nach dem Einschlafen nicht wieder zu erwachen oder im Schlaf bedroht, in Extremfällen sogar vernichtet zu werden. Viele von ihnen leben schon während des Tages in der Angst vor der „Bettangst", die sie spätestens am Abend wieder heimsuchen wird.

Bei Angsterkrankungen gibt es keine Selbsthilfe. Die Menschen, die darunter leiden, können sich nicht willentlich von ihren übermäßigen, oftmals auch völlig grundlosen Ängsten befreien. Sie brauchen dringend eine gezielte fachärztliche beziehungsweise psychotherapeutische Behandlung.

Drogen

Schlafstörungen treten nicht nur bei körperlichen oder seelischen Erkrankungen auf, sondern häufig auch nach dem Konsum von Substanzen, die unmittelbar auf das Nervensystem einwirken. Dazu zählen neben Alkohol, Koffein und Rauschdrogen vor allem auch Medikamente.

■ Alkohol

Der abendliche „Schlummertrunk", der sich großer Beliebtheit erfreut, verdient seinen Namen nur zum Teil. Denn Bier, Rotwein, Sherry, Kognak und andere alkoholische Getränke haben zwar eine entspannende und damit schlafanstoßende Wirkung. Allabendlich genossen, können sie jedoch rasch zur Gewöhnung führen. Wem anfangs noch eine Flasche Bier oder ein Glas Rotwein in den Schlaf verhalf, wird oft im Laufe der Zeit feststellen, dass diese Menge nicht mehr ausreicht, um problemlos in den Schlaf zu gleiten. Manche Menschen benötigen dann zwei oder drei Flaschen Bier und entsprechend mehr Wein oder Brandy, damit die gleiche, schlaffördernde Wirkung erzielt wird. Bei einem eventuellen späteren Alkoholentzug müssen sie mit lang anhaltenden schweren Schlafstörungen rechnen, die bis zu völliger Schlaflosigkeit reichen können.

Nach Alkoholkonsum wird der Schlaf flacher und unruhiger. Man schläft zwar anfangs relativ gut ein, erwacht aber häufig in der zweiten Nachthälfte und schläft nur schlecht wieder ein. In der Folge können Durchschlafstörungen entstehen. Studien belegen, dass auch die Schlafqualität trockener Alkoholiker oft noch lange Zeit erheblich beeinträchtigt ist: Sie brauchen wesentlich länger zum Einschlafen und haben einen flachen, unruhigen Schlaf mit deutlich verkürzten Tiefschlafstadien. Um nicht in den Teufelskreis von Abhängigkeit und Alkoholmissbrauch zu geraten, sollte man von vornherein auf Alkohol als tägliche Einschlafhilfe verzichten.

■ **Rauschdrogen**

Rauschdrogen wie Marihuana und Opiate wie Opium, Morphin und Kodein haben anfangs oftmals eine beruhigende, schlaffördernde Wirkung, die jedoch bei häufigem Konsum schnell nachlässt. Kokain und Amphetamine wirken aufputschend und können gravierende Schlafstörungen auslösen, die bis zu nächtlichen Panikreaktionen reichen. Der Entzug von Rauschdrogen ist fast immer von lang anhaltender, quälender Schlaflosigkeit begleitet.

■ **Medikamente**

Viele Arzneimittel können den Schlaf erheblich beeinträchtigen. Zu den wichtigsten Substanzen zählen Schmerz-, aber auch Schlaf- und Beruhigungsmittel.

Fast alle Schlafmittel führen den Schlaf herbei, stören aber den natürlichen Ablauf des Schlafes. Außerdem bergen die in vielen Schlaf- und Beruhigungsmitteln enthaltenen Benzodiazepine (→ Seite 128) die Gefahr einer raschen psychischen und körperlichen Gewöhnung. Da sie nur für einen relativ kurzen Zeitraum ihre beruhigende, schlaffördernde Wirkung entfalten (etwa zwei bis drei Wochen), kommt es in der Folge vielfach zu Dosissteigerungen, Abhängigkeit und Missbrauch. Darüber hinaus lösen sie häufig eine „Rebound-Insomnia" aus. Das heißt, nach dem Absetzen (manchmal auch nach nur kurzer Einnahmezeit) verschlimmern sich die ursprünglichen Schlafstörungen, gegen die man das Mittel seinerzeit eingenommen hat.

Auch Psychostimulanzien (z. B. Weckamine) können schwere Ein- und Durchschlafstörungen auslösen. Sie sind nicht nur in Appetitzüglern, sondern zum Beispiel auch in den Präparaten *Ritalin* und *Medikinet* enthalten, mit denen viele hyperaktive Kinder behandelt werden.

Übermäßige Tagesmüdigkeit

Schlaf und Wachheit sind als Krankheit zu betrachten,
wenn sie im Übermaß auftreten.
Hippokrates

Patienten, die von auffallender Tagesmüdigkeit (medizinischer Begriff: Hypersomnie) betroffen sind, haben meist das Gefühl, nachts gut und ausreichend geschlafen zu haben. Die ausgeprägte Schläfrigkeit, die sie tagsüber immer wieder überfällt, ist ihnen deshalb unerklärlich.

Rund 4 Prozent der Bevölkerung leiden unter einer Hypersomnie. Sie äußert sich in der Regel durch die folgenden Symptome:

- Eine abnorme Schläfrigkeit am Tag, die dazu führt, dass man oft ungewollt und innerhalb weniger Minuten einnickt. Das kann am Arbeitsplatz passieren, im Familien- oder Freundeskreis, im Kino oder Theater, aber auch im Straßenverkehr und beim Bedienen von Maschinen.
- Gelegentliche, zum Teil länger anhaltende Schlaftrunkenheit mit Verwirrtheits- und Desorientierungsgefühlen nach dem Aufwachen.
- Leistungseinbußen und deutlich verlängerte Reaktionszeiten.

Die Folgen einer Hypersomnie können sowohl für die Betroffenen als auch für andere Menschen gravierend sein. Denn das ungewollte Einschlafen, das meist nur wenige Sekunden oder Minuten dauert (in der Fachwelt spricht man vom Mikroschlaf), birgt ein erhebliches Risiko von Arbeits- und Verkehrsunfällen. Zu verheerenden Katastrophen kann es kommen, wenn Menschen mit einer unerkannten beziehungsweise unbehandelten Hypersomnie in Berufen arbeiten, die ständiger und hochkonzentrierter Aufmerksamkeit bedürfen – beispielsweise als Techniker in Kraftwerksanlagen oder in Chemiefabriken, als Kraftfahrer, Piloten oder Schiffsführer. Insgesamt droht durch die starke Tagesschläfrigkeit ein Leistungsabfall im Beruf, der bis hin zur Berufsunfähigkeit reichen kann.

Auch im privaten und sozialen Bereich kann die Erkrankung ernste Folgen haben. Vielen Menschen sind ihre plötzlichen Müdigkeits- und Schlafattacken während des Tages so peinlich, dass sie sich mehr und mehr aus sozialen Beziehungen zurückziehen. Dadurch laufen sie Gefahr, zunehmend zu vereinsamen.

Die Ursachen

Bestimmte Arzneimittelsubstanzen können Tagesschläfrigkeit hervorrufen. Das gilt vor allem für Beruhigungs- und Schlafmittel (→ Seite 127) und für Mittel bei Allergien. Die Einnahme von Psychostimulanzien führt bei längerer Einnahme manchmal zu einer Art paradoxer Reaktion – und damit zu erhöhter Müdigkeit.

In den meisten Fällen tritt die Tagesmüdigkeit jedoch als Folge einer Schlafstörung auf, die zwar den Schlaf nicht unbedingt unterbricht, aber den erholsamen Tiefschlaf verhindert. Da dies nicht bewusst erlebt wird, entsteht der – falsche – Eindruck, ausreichend geschlafen zu haben, was die Tagesmüdigkeit gänzlich unerklärlich macht. Studien über den Zusammenhang zwischen Schlaf-Fragmentation und Tagesmüdigkeit zeigen, dass durch häufige Weckphasen ähnliche Symptome wie nach totalem Schlafentzug (→ Seite 37) auftreten können.

Bei den Erkrankungen, die unbewusste Schlafunterbrechungen auslösen, handelt es sich im Wesentlichen um Schlafapnoen, um „Schlummersucht" (Narkolepsie) und um periodische Arm- und Beinbewegungen im Schlaf (nächtlicher Myoklonus). Bei dieser Störung kommt es nachts zu heftigen, ruckartigen Bewegungen und Zuckungen, vor allem der Unterschenkel, aber auch der Arme, die zu kurzen Aufwachepisoden führen, von den betroffenen Menschen jedoch nicht wahrgenommen werden.

Schlafapnoen

Schlafapnoen sind gekennzeichnet durch extrem lautes Schnarchen. Zusätzlich treten im Schlaf zahlreiche Atemstillstände ein, die zwischen wenigen Sekunden und zwei Minuten schwanken. In Extremfällen bekommen die Betroffenen einige Hundert Male pro Nacht keine Luft, weil die Weichteile des Rachens die Atemwege verschließen. Während der Atemstillstände wird der Blutkreislauf nur mangelhaft mit Sauerstoff versorgt. Blutdruck, Herzfrequenz und Muskelanspannung steigen deutlich an. Damit es nicht zum Erstickungstod kommt, löst das Gehirn eine Aufweckreaktion aus, die dazu führt, dass die Schlafenden durch einen explosionsartigen Schnarchlaut aufwachen. Diese Aufwachepisoden sind jedoch sehr kurz und bleiben nicht im Gedächtnis haften. Fast immer sind es deshalb Bettpartner oder Zimmernachbarn, die auf das Phänomen aufmerksam werden.

Am häufigsten treten schlafbezogene Atemstörungen im Alter zwischen 40 und 70 Jahren auf. Männer sind überproportional davon betroffen, insbesondere wenn sie übergewichtig sind und in der Rückenlage schlafen. Nach den Wechseljahren steigt allerdings auch das Erkrankungsrisiko der Frauen deutlich an.

Schlafapnoen können gravierende Folgen haben. Denn der wiederholte Abfall der Sauerstoffsättigung beeinträchtigt wichtige Hirnfunktionen und die Herztätigkeit. Es kann zu einer Kohlensäureanreicherung im Blut und zu gefährlichen Blutdruckschwankungen kommen. Bei jeder Apnoe sinkt die Herzfrequenz auf Werte bis zu 30 Schlägen pro Minute, um nach dem erschreckten Aufwachen abrupt auf über 100 Schläge anzusteigen. Dieser mehrfach schlagartige Anstieg der Herztätigkeit kann zu schweren Herzrhythmusstörungen und zu dauerhaft hohem Blutdruck führen. Wird die Apnoe nicht behandelt, steigt das Risiko für Herzinfarkt oder Schlaganfall.

Tagsüber leiden die Menschen häufig an Kopfschmerzen und Konzentrationsproblemen, vor allem aber an extremer Müdigkeit. Letztere kann mit lebensbedrohlichen Risiken verbunden sein. Durch den flachen, unruhigen Schlaf und das häufige Aufwachen ist der Erholungswert des Nachtschlafs stark eingeschränkt. Deshalb können Apnoekranke sich tagsüber oft nicht gegen die ausgeprägte Schläfrigkeit wehren und schlafen unvermittelt ein – auch dort, wo höchste Wachheit und Konzentration erforderlich sind: im Straßenverkehr und beim Bedienen von Maschinen.

Auch die Liebesbeziehung kann unter der Erkrankung leiden: Aus der (berechtigten) Sorge um den eigenen Nachtschlaf ziehen sich viele Menschen, deren Lebenspartner an einer Apnoe leiden, nicht nur aus dem gemeinsamen Bett, sondern auch aus dem Schlafzimmer zurück – in manchen Fällen sogar aus der gemeinsamen Wohnung.

Viele Betroffene versuchen, sich tagsüber mit anregenden Mitteln wach zu halten. Sie trinken übermäßig viel Kaffee oder Tee oder werden zum Kettenraucher, um nicht unvermittelt einzuschlafen. Andere meinen, sich mit Weckmitteln gegen den starken Schlafdruck am Tag wehren zu können. Doch diese Mittel können die Beschwerden nur vorübergehend mildern und bergen zu alledem noch das Risiko der Abhängigkeit.

Der Konsum von Alkohol und Psychopharmaka (Beruhigungs- und Schlafmittel, dämpfende Antidepressiva und Neuroleptika) kann sich bei Schlafapnoen verheerend auswirken und die nächtlichen Atemstillstände drastisch verschlimmern. Die Behandlung muss deshalb am Grundleiden ansetzen (→ Seite 144) und darf nicht die Symptome der Erkrankung verschleiern.

Folgende Symptome weisen auf eine Schlafapnoe hin:

- sehr lautes, unregelmäßiges Schnarchen,
- wiederholte, länger anhaltende Atempausen während des Schlafes,
- unruhiger Schlaf und häufiges Erwachen,
- morgendliche dumpfe Kopfschmerzen,
- übermäßige Tagesmüdigkeit und unwillkürliches Einschlafen,
- Konzentrations- und Gedächtnisstörungen,
- gesteigerte Reizbarkeit,
- Abnahme der sexuellen Lust,
- Rückzug aus sozialen Kontakten.

Schlaffallsucht

In der Medizin wird die Erkrankung als Narkolepsie (aus dem Griechischen „narke“ = Krampf, Lähmung, Erstarrung und „lepsis“ = annehmen, empfangen) bezeichnet, in der Umgangssprache als „Schlafkrankheit“ oder „Schlummersucht“. Die Krankheit, bei der die Schlaf-Wach-Regulierung im Gehirn gestört ist, kann unterschiedliche Symptome aufweisen. Dazu gehören:

- ein übermäßiger Schlafdrang während des Tages. Er macht sich vor allem in entspannten Situationen oder bei monotoner Beschäftigung bemerkbar. Oftmals ist der Schlafdruck so stark, dass sich die Betroffenen mehrmals am Tag hinsetzen oder hinlegen müssen und einige Minuten lang fest schlafen. Danach wachen sie erfrischt auf – und schlafen wenige Stunden später erneut ein. Die Anfälle treten häufig nach reichhaltigen Mahlzeiten, nach Alkoholkonsum oder bei längerem Aufenthalt in warmen Räumen auf. Es kann jedoch auch in ungewöhnlichen Situationen zu völlig unvermittelten Einschlafattacken kommen: zum Beispiel beim Spazierengehen, Fahrrad- oder Autofahren, beim Sport oder beim Geschlechtsverkehr.
- Anfälle von Muskelschwäche (Kataplexien). Sie äußern sich in der plötzlichen Erschlaffung einzelner Teile der Körpermuskulatur, zum Beispiel eines Augenlids, des Mundwinkels, des Unterkiefers, des Nackens, der Arme oder der Beine. Wenn der Spannungsverlust in der Beinmuskulatur sehr stark ist, können die Betroffenen unwillkürlich zu Boden stürzen. Ein kataplektischer Anfall kann wenige Sekunden, manchmal aber auch einige Minuten lang anhalten. Er wird in der Regel durch starke gefühlsmäßige Erregung wie heftiges Lachen, Wut, Ärger, Schreck oder durch ruckartige Bewegungen ausgelöst.
- Schlaflähmungen, die meist beim Übergang von Schlaf und Erwachen auftreten und sich durch eine wenige Sekunden oder mehrere Minuten lang anhaltende völlige Bewegungsunfähigkeit äußern. Die Menschen sind zwar bei klarem Bewusstsein, es ist ihnen aber unmöglich zu sprechen, sich zu bewegen oder die Augen zu öffnen. Viele geraten in dieser Situation in Todesangst, da es ihnen nicht gelingt, die Umgebung auf ihren Zustand aufmerksam zu machen. Die Lähmungsattacken enden meist durch Ansprechen, Berührung oder durch äußere Reize.
- ein gestörter Nachtschlaf. Narkoleptiker schlafen in der Regel oberflächlich und unruhig. Sie wachen häufig auf und fühlen sich morgens müde und unausgeruht. Befunde aus dem Schlaflabor zeigen ein verfrühtes Einschlafen, einen verfrühten REM-Schlaf (→ Seite 29), einen häufigen Wechsel der einzelnen Schlafstadien, vermehrte Körperbewegungen und wiederholtes Erwachen. Manchmal kommt es beim Einschlafen oder Aufwachen zu hypnagogen Halluzinationen, die von optischen oder akustischen Fehlwahrnehmungen bis hin zu angstbesetzten traumartigen Erlebnissen reichen. Diese Erscheinungen treten insbesondere bei Übermüdung auf.

Störungen des Schlaf-Wach-Rhythmus

Bei diesen chronobiologischen Störungen stimmt der Zeitpunkt des Schlafens nicht mit äußeren Zeitgebern wie Helligkeit und Dunkelheit und den allgemein üblichen Schlafenszeiten überein. Die Ursachen werden vor allem auf Nacht- und Schichtarbeit (→ Seite 19), auf Zeitzonenflüge (Jetlag-Syndrom, → Seite 19) und auf unregelmäßige Tages- und Nachtaktivitäten zurückgeführt. Darüber hinaus spielen auch anlagebedingte Aspekte wie ein ausgeprägter Hang zum Morgen- oder Abendmenschen (→ Seite 22) eine gewisse Rolle.

In der Schlafmedizin unterscheidet man neben den extern verursachten Schlaf-Wach-Rhythmusstörungen noch drei weitere Formen:

- Syndrom der vorverlagerten Schlafphase,
- Syndrom der rückverlagerten Schlafphase und
- unregelmäßige Schlaf-Wach-Muster.

Die vorverlagerte Schlafphase

Die Menschen, die von diesem Syndrom betroffen sind, haben das Bedürfnis, abends sehr früh schlafen zu gehen. Ohne anregende Substanzen wie Koffein, Nikotin, Alkohol oder Psychostimulanzien können sie sich meist schon ab 19 oder 20 Uhr nicht mehr wach halten. In der Regel erwachen sie dann mitten in der Nacht und können nicht mehr einschlafen. Meist haben sie zwar ausreichend Schlaf, fürchten aber dennoch, an einer Schlafstörung zu leiden. Wenn sie jedoch auf ihre persönlich benötigte Gesamtmenge Schlaf kommen und sich tagsüber wohl und ausgeruht fühlen, handelt es sich nur um eine Schlafphasenverschiebung, nicht aber um gestörten Schlaf. Schlafmedizinische Untersuchungen zeigen, dass bei diesem Extremtyp der „Lerche" sowohl die täglichen Schwankungen der Körpertemperatur als auch die Ausschüttung des Stresshormons Kortisol von der Norm abweichen.

Diese Veränderung tritt vor allem im fortgeschrittenen Lebensalter auf. Da sich dann der Rhythmus der inneren Uhr (→ Seite 12) verkürzt, zieht dies eine Vorverlagerung aller biologischen Rhythmen, inklusive des Schlafes, nach sich. Je älter wir werden, desto mehr entwickeln wir uns folglich zu „Lerchen".

Bei dem vorverlagerten Schlaf kann es sich aber auch um eine „Flucht in den Schlaf" handeln, hinter der sich möglicherweise eine Depression (→ Seite 61) verbirgt.

Die rückverlagerte Schlafphase

Bei diesem Syndrom tritt das genaue Gegenteil auf: Die Betroffenen werden erst sehr spät müde, gehen entsprechend spät ins Bett und schlafen nicht vor zwei oder drei Uhr ein. Wenn sie nicht bis weit in den Vormittag hinein schlafen können, sondern morgens aufstehen müssen, sind sie extrem müde, weil sie mitten aus dem Schlaf gerissen werden. Vor Mittag sind viele von ihnen nur begrenzt leistungsfähig.

Vom Syndrom der rückverlagerten Schlafphase ist vor allem der Extremtyp der „Eule" betroffen. Bei diesen ausgesprochenen Nachtmenschen erreicht die Körpertemperatur nicht in der Nacht, sondern erst am frühen Morgen ihren niedrigsten Wert. Deshalb ist ihr Schlafbedürfnis auch zu dieser Zeit am höchsten. Auch dies ist auf die innere Uhr (→ Seite 12) zurückzuführen. Bei den „Eulen" tendiert sie zu einem längeren Rhythmus, die eine Rückverlagerung aller biologischen Funktionen mit sich bringt.

Der beruflich bedingte Zwang, morgens aufzustehen, führt bei Nachtmenschen häufig zu einem chronischen Schlafdefizit – mit allen negativen Folgen für den Tag: Wohlbefinden, Leistungsfähigkeit und Konzentrationsvermögen sind deutlich eingeschränkt. Der Dauerkonflikt zwischen später Schlafzeit und frühem Aufstehen-Müssen lässt sich in der Regel nicht dadurch lösen, dass man einfach früher ins Bett geht. Denn wer von Natur aus eine ausgeprägte „Eule" ist, hat größte Mühe, früher als zur gewohnten Zeit einzuschlafen.

Es gibt allerdings auch Menschen, die früher einmal Normalschläfer waren und sich im Laufe der Zeit zu einer „Eule" entwickelt haben. Das geschieht häufig während des Studiums oder einer längeren Phase der Arbeitslosigkeit, wenn man nicht an feste Arbeitszeiten gebunden ist. Während des Jugendalters ist die verzögerte Schlafphase normal (→ Seite 44). Ab der Pubertät werden die Heranwachsenden am Tag müde, gleichzeitig verschiebt sich die Schlafphase in den Morgen hinein. Dieser Zustand der „jugendlichen Eule" ist jedoch nur vorübergehender Natur und ändert sich etwa ab dem 20. Lebensjahr von allein.

Unregelmäßige Schlaf-Wach-Muster

Wer mit einer vor- beziehungsweise rückverlagerten Schlafphase gut in seinem Alltag zurecht kommt, braucht keine Behandlung. Wer jedoch darunter leidet, kann lernen, mit bestimmten Maßnahmen seinen Temperatur- und Schlafrhythmus besser an die Außenwelt anzupassen (→ Seite 147).

Manche Menschen liegen nachts stundenlang wach und sind tagsüber so müde, dass sie sich mehrere Male hinlegen und schlafen müssen. Dieser in mehrere Episoden unterteilte und zerstückelte Schlaf ist wenig erholsam. Er kommt bei Menschen vor, die einen sehr unregelmäßigen Lebensstil haben, vor allem aber bei älteren Menschen, die an Depressionen oder an einer Demenz leiden.

Schlafgebundene Störungen

Parasomnien – so die medizinische Bezeichnung – sind Störungen, die während des Schlafes oder beim Übergang vom Schlafen zum Wachsein auftreten. Die wichtigsten von ihnen sind:

- Albträume,
- nächtliches Aufschrecken (Pavor nocturnus),
- Schlafwandeln und
- Zähneknirschen.

Albträume

Schätzungen zufolge haben zwischen 70 und 90 Prozent der Deutschen hin und wieder Albträume; für Österreich liegen keine Zahlen vor, sie dürften aber ähnlich sein. In der Schlafmedizin betrachtet man Albträume als ein normales Verarbeiten von Ängsten und Belastungen. Jedenfalls solange sie nur gelegentlich auftreten und nicht zum Erwachen führen und die Schlafqualität nicht beeinträchtigt wird.

Bei zirka 5 Prozent der Betroffenen kommt es jedoch zu schweren Schlafstörungen und damit zu einem erheblichen Verlust an Lebensqualität. Die Menschen schrecken immer wieder aus nächtlichen Albträumen auf, liegen anschließend wegen der beängstigenden Traumbilder lange wach und fürchten sich davor, wieder einzuschlafen. Am Tage sind sie müde und erschöpft, während abends die Angst vor erneuten Albträumen eine „Angst vor der Angst" und schließlich Ein- und Durchschlafstörungen auslöst.

Albträume kommen vor allem im mittleren und letzten Drittel der Nacht vor. Sie spielen sich überwiegend in den REM-Phasen ab (→ Seite 29). Dann ist die gesamte Körpermuskulatur erschlafft, nur die Augäpfel bewegen sich mit großer Geschwindigkeit unter den geschlossenen Lidern hin und her, während das Gehirn auf Hochtouren arbeitet und Bilder produziert, die Angst und Schrecken einflößen.

Was ist mit mir geschehen? Wenn ich den Kopf ein wenig hebe, sehe ich meinen gewölbten, braunen, von bogenförmigen Versteifungen geteilten Bauch, auf dem sich die Bettdecke kaum noch halten kann, und viele klägliche dünne Beinchen lugen darunter hervor, geradezu hilflos flimmern sie einem vor den Augen, auch scheint es, dass ich auf einem panzerartigen harten Rücken liege, alles in allem könnte man meinen, dass ich mich in ein ungeheueres Ungeziefer verwandelt hätte.

Aus: „Die Verwandlung" von Franz Kafka

Experten führen die nächtlichen Horrorszenarien mehr auf seelische als auf körperliche Ursachen zurück. Als Hauptauslöser gelten Stress und belastende Lebensumstände. Nach Untersuchungen des schlafmedizinischen Zentrums der Universität Regensburg sind kreative und sensible Menschen besonders gefährdet, da sie sich meist schlechter gegen Reizüberflutungen und Überforderungen abgrenzen können als andere.

Wer nachts immer wieder von Horrorträumen heimgesucht wird und danach nicht mehr zur Ruhe kommt, sollte sich einer gezielten Behandlung unterziehen (→ Seite 151).

Nächtliches Aufschrecken

Wer an Pavor nocturnus (vom Lateinischen „pavor" = Furcht oder Angst und „nocturnus" = Nacht) leidet, erwacht meist im ersten Drittel der Nacht mit einem durchdringenden Schrei aus dem Schlaf und ist äußerst erregt. Häufig kommt es zu Schweißausbrüchen, schneller Atmung und zu Herzjagen. Manchmal sind die Betroffenen völlig desorientiert, kaum ansprechbar und den Angehörigen gelingt es nicht, sie zu beruhigen.

Das nächtliche Aufschrecken kommt vor allem bei Kindern vor, die unter Hirnschädigungen, Mandelentzündungen, unter Schulängsten und familiären Konflikten leiden. In der Regel gehen die Anfälle nach dem zehnten Lebensjahr deutlich zurück. Bestehen sie im Erwachsenenalter fort, werden sie meist durch Stress, hohe Belastungen und Überforderungen ausgelöst und sollten ärztlich geklärt werden.

Schlafwandeln

Auch Schlafwandeln (medizinisch: Somnambulismus) ist eine Störung, die sich überwiegend bei Kindern, insbesondere im Alter zwischen vier und zwölf Jahren, bemerkbar macht. In den meisten Fällen verschwinden die Symptome spätestens ab dem 20. Lebensjahr. Treten sie bei Erwachsenen auf, sind sie häufig mit psychischen Auffälligkeiten und Persönlichkeitsveränderungen verbunden.

Das Schlafwandeln beginnt im Allgemeinen während einer Tiefschlafphase und dauert nur wenige Minuten. Die Betroffenen setzen sich meist zuerst im Bett auf, zupfen an Decke und Kissen, verlassen dann das Bett und folgen einer Lichtquelle. Sie irren mit ausdruckslosem Gesicht in der Wohnung umher, öffnen Schränke, Fenster und Türen und gehen manchmal auch aus dem Haus. Einige haben Heißhungerattacken und essen alles, was in Reichweite ist.

Während des Herumirrens besteht ein hochgradiges Unfallrisiko, da Schlafwandelnde keine Gefahren wahrnehmen und dabei (ab)stürzen können. Von „schlafwandlerischer Sicherheit“ kann deshalb keine Rede sein (zur Behandlung → Seite 151).

Zähneknirschen

Für Bettpartner hört es sich oft grässlich an: das deutlich hörbare Mahlen und Knirschen von nebenan. Die Betroffenen selbst, die ihrer nächtlichen „Arbeit“ überwiegend in den Leichtschlafphasen (→ Seite 28) nachgehen, klagen morgens über eine völlig verspannte Muskulatur und über Schmerzen, die vom Kiefer bis in den Hals-Nasen-Ohren- oder in den Schulterbereich ausstrahlen können. Die Ursachen liegen überwiegend in Anspannung und Stress, manchmal auch in orthopädischen Fehlstellungen und -haltungen. Wer häufig nachts die Zähne aufeinander presst, sollte unbedingt eine zahnärztliche Praxis aufsuchen, damit die Ursachen erkannt und fachlich behandelt werden. Denn das ständige Aufeinanderreiben schädigt den Zahnschmelz und kann zu Dauermuskelkater in der gesamten Kieferregion führen.

Wenn Kinder nachts nicht schlafen können

Rund ein Viertel aller Kinder leidet hin und wieder unter Schlafproblemen. Während des Vorschulalters ist es oft schwierig, tatsächliche von vermeintlichen Schlafstörungen zu unterscheiden. Da kleine Kinder sich noch nicht selbst über ihren Schlaf äußern können, sind die Ärzte auf die Schilderungen der

Eltern angewiesen. Die aber spiegeln in erster Linie die eigene Einstellung gegenüber dem „gesunden“ Schlaf wider – manchmal auch das eigene Leiden, denn wenn ein Kind mehrmals in der Nacht erwacht und weint, wird meistens der Schlaf der gesamten Familie beeinträchtigt.

Jedes Kind hat seinen eigenen Rhythmus

Viele Eltern überschätzen das Schlafbedürfnis ihres Kindes und haben schnell die Sorge, dass ihr Kind nicht ausreichend oder nicht zur rechten Zeit schläft. Doch Kinder entwickeln bereits sehr früh ihr individuelles Schlafverhalten.

Neugeborene schlafen insgesamt rund zwei Drittel des Tages. Wenn sie etwa alle drei bis vier Stunden aufwachen und weinen, ist das in den meisten Fällen lediglich ein Hungersignal: Schon beim Füttern beruhigen sie sich wieder, und wenn sie satt sind, schlafen sie fast immer friedlich weiter. Im zweiten Lebensjahr sinkt die Gesamtschlafzeit von 16 auf zirka 13 Stunden. Und im Alter von sechs Jahren liegt sie bei durchschnittlich zehn bis elf Stunden pro Tag.

Bereits ab dem zweiten Lebensjahr bilden sich erhebliche individuelle Unterschiede bei Schlafdauer und Schlafrhythmus heraus. Einige Kinder brauchen deutlich mehr Schlaf als andere. Während beispielsweise ein Teil der Vierjährigen nach zehn Stunden Schlaf völlig munter ist, benötigen andere 13 und mehr Stunden. Das Gleiche gilt für den Mittagschlaf: Manche Kinder im Vorschulalter werden mittags müde und schlafen ein bis zwei Stunden, andere geben die Siesta schon mit drei Jahren auf. Wie individuell das Schlafbedürfnis eines Kindes ist, zeigt sich auch daran, dass Geschwister, die gleich erzogen werden, unterschiedlich lange und zu unterschiedlichen Zeiten schlafen (wollen).

Um das dritte oder vierte Lebensjahr herum haben manche Kinder abends große Schwierigkeiten, sich von den Erlebnissen des Tages zu lösen. Weil alles, was am Abend stattfindet – die Gespräche zwischen den Eltern, das Fernsehprogramm, der Besuch von Freunden oder Verwandten –, ihnen (verständlicherweise) viel spannender erscheint als der Schlaf, versuchen sie mit allen Mitteln, den Zeitpunkt des Zubettgehens so weit als möglich hinauszuschieben. Zum Beispiel indem sie mehrfach das Bett verlassen, um ihre kindliche Neugier und Entdeckungsfreude zu befriedigen. Solche Verzögerungstaktiken können für die Eltern zwar sehr anstrengend sein, sie sind jedoch kein Anzeichen einer Schlafstörung, sondern in den meisten Fällen Ausdruck einer gesunden seelischen Entwicklung. Einfache schlafhygienische Maßnahmen (→ Seite 116) helfen dem aufgeweckten Sprössling, den Übergang vom Wachsein zum Schlaf besser zu bewältigen.

Gründe für kindliche Schlafstörungen

Wie bei Erwachsenen unterscheidet man auch bei Kindern vier Gruppen von Schlafstörungen:

- Ein- und Durchschlafstörungen,
- vermehrter Schlafbedarf am Tag,
- schlafgebundene Störungen,
- Störungen des Schlaf-Wach-Rhythmus.

Ein- und Durchschlafstörungen kommen auch bei Kindern und Jugendlichen mit weitem Abstand am häufigsten vor. Vermehrte Tagesschläfrigkeit ist eher selten. Sie tritt vor allem bei hirnorganischen Erkrankungen auf und bei Kindern, die ein Anfallleiden haben und mit bestimmten anfallhemmenden Arzneimitteln behandelt werden müssen. Parasomnien wie Albträume, nächtliches Aufschrecken und Schlafwandeln treten bei Kindern des Öfteren auf und können Durchschlafstörungen auslösen. Ein gestörter Schlaf-Wach-Rhythmus ist meist ein früher Hinweis auf einen deutlichen Hang zum Morgen- beziehungsweise Abendmenschen (→ Seite 22). Es gibt Kinder, die bereits ab den ersten Lebensjahren abends sehr früh müde und morgens sehr früh wach werden. Oder umgekehrt, abends erst sehr spät einschlafen und morgens nicht aus dem Bett kommen. Bis zu einem gewissen Grad lassen sich solche Rhythmusverschiebungen mit regelmäßiger Schlafhygiene korrigieren (→ Seite 116).

Ein- und Durchschlafstörungen

Schlafmediziner haben beobachtet, dass Ein- und Durchschlafstörungen bei Kindern und Jugendlichen generell zunehmen. Eine wesentliche Ursache für den schlechten Schlaf sehen sie im steigenden Lärm- und Stresspegel und in der immer stärkeren medialen Überreizung, der Kinder heutzutage ausgesetzt sind. Schlafprobleme treten besonders dann auf, wenn zu lange ferngesehen oder abends zu lange am Computer gespielt und gearbeitet wird, aber auch wenn die Eltern rauchen und ihre Kinder so zum Passivrauchen gezwungen sind.

Äußere Störfaktoren wie Straßenlärm oder laute Geräusche in der Wohnung behindern den kindlichen Schlaf ebenso wie unregelmäßige Essens- und Schlafzeiten und vor allem familiäre und schulische Konflikte. Kinder (und Jugendliche) haben ein sehr feines Gespür für ihre Umgebung und spiegeln in ihrem Verhalten das Klima wider, in dem sie aufwachsen. Eine entspannte Familienatmosphäre wirkt sich ebenso positiv auf ihr Wohlbefinden am Tag wie auf den nächtlichen Schlaf aus. Ein Zuhause, in dem Sorgen und Nöte, vor allem aber Gleichgültigkeit und Lieblosigkeit, versteckte oder offene Aggressionen an der Tagesordnung sind, beeinträchtigen dagegen die gesamte seelische Entwicklung eines Kindes und damit auch seinen Schlaf. Viele Kinder, die in einem solchen Umfeld aufwachsen, reagieren mit Ängsten, Unruhe, Nervosität und mehr oder minder ausgeprägten Schlafstörungen.

Auch organische Erkrankungen können den Schlaf erheblich stören. Aufgrund ihres noch nicht sehr stabilen Abwehrsystems leiden viele Kinder in den ersten Lebensjahren häufig an Infekten der oberen Atemwege. Sind die Luftwege verstopft und zusätzlich die Mandeln stark vergrößert, werden sie oft nachts wach und ringen nach Luft. Wucherungen an den Rachenmandeln können darüber hinaus zu Schlafapnoen führen. Die Beschwerden und Symptome, die auf eine Apnoe hinweisen, sind jedoch bei Kindern feiner und keineswegs so ausgeprägt wie bei Erwachsenen. Längst nicht alle betroffenen Kinder schnarchen oder zeigen eine auffallende Tagesschläfrigkeit. Statt lauter Schnarchtöne kommt es meist zu pfeifenden Atemgeräuschen. Letztere können aber auch auf eine asthmatische Erkrankung hinweisen und müssen in jedem Fall ärztlich geklärt werden.

Schlafstörungen treten auch oft im Zusammenhang mit Mittelohrentzündungen, Harnweginfekten, Zahnung und schmerzhaftem Wundwerden auf. Kinder, die ein Anfallleiden (Epilepsien) haben, wachen ebenfalls häufig nachts auf und haben Mühe, wieder einzuschlafen. Dadurch kommt es zu vermehrten Leichtschlaf- und verminderten Tiefschlafphasen und insgesamt zu einer reduzierten Gesamtschlafzeit. Wenn Kinder an hartnäckigen Durchschlafstörungen leiden, häufig nachts aufschreien und auch tagsüber oft weinen und nicht zu beruhigen sind, ist unbedingt eine ärztliche Abklärung notwendig.

Kinder, die eine Allergie – insbesondere eine Kuhmilchallergie – haben, reagieren ebenfalls häufig mit Schlafstörungen. In den meisten Fällen normalisiert sich jedoch der Schlaf im Alter zwischen zwei und vier Jahren wieder. Nur selten ist eine strenge Diät unter Vermeidung sämtlicher Kuhmilchprodukte erforderlich, damit die Kinder wieder problemlos schlafen können.

Schlafgebundene Störungen

Die meisten störenden Begleitsymptome des Schlafes treten im Vorschulalter auf und bilden sich im Grundschulalter, spätestens aber in der Pubertät wieder zurück.

■ Nächtliches Einnässen

Nächtliches Einnässen kommt in den ersten Lebensjahren sehr häufig vor und ist kein Grund zur Sorge. Erst wenn Kinder nach der Einschulung noch einnässen, sollten die Ursachen ärztlich geklärt werden. Wenn sie nicht auf organische Gründe wie zum Beispiel Harnweginfekte, Fehlbildungen der Harnwege oder auf bestimmte Entwicklungsverzögerungen zurückzuführen sind, kann das Einnässen ein Signal der Seele sein. In der Psychologie spricht man vom „Weinen durch die Blase“: Das unkontrollierte Öffnen der Blase kann von seelischem Druck entlasten, den das Kind anders nicht zu äußern vermag.

■ Schlafwandeln

Schlafwandeln (→ Seite 74) – einige Kinder sprechen auch während des Umherlaufens – tritt vor allem im Alter zwischen vier und zwölf Jahren auf, danach nur noch selten. Wenn Kinder dazu neigen, sollte man abends sämtliche Fenster und Türen fest verschließen, damit sie nicht unbemerkt das Haus verlassen können.

■ Nächtliches Aufschrecken

Nächtliches Aufschrecken (→ Seite 74) wird meist um das sechste bis achte Lebensjahr herum beobachtet. Die Kinder erwachen im ersten Nachtdrittel mit einem panischen Schrei, sind hochgradig geängstigt und kaum zu beruhigen. Am nächsten Morgen können sie sich an das nächtliche Hochschrecken nicht mehr erinnern. Dieses Phänomen tritt vor allem dann auf, wenn das Kind besonderen Belastungen ausgesetzt ist (zum Beispiel bei der Einschulung, bei familiären Konflikten oder bei Infekten der oberen Luftwege) und verschwindet fast immer bis zum zehnten Lebensjahr.

■ Albträume

Während des REM-Schlafes haben manche Kinder heftige Albträume (→ Seite 73). Wenn sie aufwachen, erinnern sie sich an die Träume, lassen sich aber relativ leicht beruhigen und schlafen nach einiger Zeit wieder ein. Auch Albträume sind überwiegend auf Stress und belastende Erlebnisse, aber auch auf aufregende und gewaltbetonte Fernsehbilder zurückzuführen.

■ Zähneknirschen

Zähneknirschen (→ Seite 75) ist ebenfalls stark stressabhängig. Dann ist es wichtig, die Ursachen für die erhöhte Belastung des Kindes herauszufinden. Zusätzlich muss der Zahnarzt aufgesucht werden. In schweren Fällen wird häufig eine Knirschschiene verordnet, damit keine Zahnschmelzdefekte entstehen.

■ Halluzinationen

Um die Zeit der Einschulung herum kommt es bei manchen Kindern in der Einschlafphase zu optischen oder akustischen Sinnestäuschungen, die aber fast immer wieder verschwinden, sobald sich das Kind an die neue Situation gewöhnt hat.

■ Ruckartige Kopfbewegungen

Diese so genannten Jaktationen, die oft von Stöhnen beim Einschlafen begleitet sind, treten gelegentlich schon in den ersten Lebensjahren auf, lassen jedoch spätestens in der Pubertät nach. Sie werden als Ausdruck körperlicher oder seelischer Belastungen gewertet.

Anzeichen einer Schlafstörung liegen vor, wenn Ihr Kind ...

- abends länger als eine halbe Stunde zum Einschlafen braucht, häufig nachts aufwacht und lange nicht wieder einschlafen kann.
- morgens müde und unausgeruht ist und lange braucht, um richtig munter zu werden.
- seine alterstypischen Aufgaben nur mit Mühe bewältigen kann und tagsüber unter Müdigkeit leidet.
- in der Schule Konzentrationsprobleme hat, gereizt, nörgelig, lustlos und überfordert wirkt.

Klagt Ihr Kind über die genannten Beschwerden an mindestens zwei bis drei Tagen in der Woche und leidet es seit über einem Monat daran, sollten Sie mit ihm einen Arzt aufsuchen.

Medikamente

Zahlreiche Arzneimittelsubstanzen können den Schlaf erheblich beeinträchtigen. Das gilt unter anderem für bestimmte Medikamente bei Schnupfen und Nebenhöhlenentzündung, Mittel bei Asthma, die die koffeinähnliche Substanz Theophyllin enthalten, oder für den Wirkstoff Methylphenidat, der in *Ritalin* und *Medikinet* enthalten ist und mit dem viele hyperaktive Kinder behandelt werden. Bei Kindern, die wegen chronischer Krankheiten häufig Medikamente einnehmen, kann eine Schlafstörung durch Medikamente bedingt sein – das kann nur der Arzt feststellen.

Schlafstörungen im Alter

In keiner Lebensphase klagen Menschen so häufig über schlechten Schlaf wie im dritten Lebensabschnitt. Fast immer geht es dabei um Ein- oder Durchschlafstörungen (→ Seite 49). Für die Betroffenen bedeutet das eine erhebliche Beeinträchtigung ihrer Lebensqualität. Denn die nachberufliche Lebensphase, auf die sich viele wegen der neuen Freiräume, die sie mit sich bringt, gefreut haben, wird zunehmend von Schlaflosigkeit in der Nacht und Erschöpfung am Tage überschattet.

Zahlreiche wissenschaftliche Untersuchungen belegen, dass mit zunehmendem Alter tatsächlich mehr Schlafstörungen auftreten als in jüngeren Jahren. Nach Repräsentativumfragen in Deutschland und Österreich hat fast die Hälfte der Menschen über 65 Jahre wiederholt Probleme mit dem Schlaf, der zu alledem keineswegs mehr so erholsam ist wie in jüngeren Jahren.

Doch es gibt auch eine gute Nachricht. Eine, die hoffen lässt, dass Schlaflosigkeit kein Damoklesschwert ist, das über allen Menschen jenseits der 60 schwebt. Einer großen repräsentativen Studie des schlafmedizinischen Zentrums der Universität Regensburg zufolge ist nicht das Alter an sich für den gestörten Schlaf verantwortlich, sondern die reduzierten körperlichen und sozialen Aktivitäten, die häufig mit dem Älterwerden einhergehen. Wer dagegen auch im Alter regelmäßig körperlich aktiv ist und intensive soziale Kontakte pflegt, ist nicht stärker von Schlafstörungen bedroht als jüngere Menschen. Diese Botschaft der Schlafforscher macht Mut. Sie zeigt, dass Schlaflosigkeit kein unausweichliches Schicksal ist, sondern in jungen wie in alten Jahren überwiegend vom eigenen Verhalten abhängig und damit korrigierbar ist. Natürlich unter der Voraussetzung, dass keine akuten oder chronischen Krankheiten vorliegen, die sich störend auf den Schlaf auswirken. Und vor allem: dass die alterstypischen Veränderungen des Schlafes (→ Seite 43) als gegeben und nicht als Schlafstörung gewertet werden.

Ursachen für den schlechteren Schlaf

Aus vielen Untersuchungen geht hervor, dass sich der Schlaf mit fortschreitendem Alter sowohl quantitativ als auch qualitativ verändert. Diese Besonderheiten sind keine krankhafte Störung, sondern Ausdruck eines normalen alterstypischen Prozesses. Dennoch ist es bei älteren Menschen oft schwierig, zwischen normalem und gestörtem Schlaf zu unterscheiden. Schlafmediziner bewerten deshalb auch in dieser Altersgruppe das subjektive Empfinden höher als objektive Befunde aus dem Schlaflabor. Entscheidend ist, ob ein Mensch mit dem kürzeren und leichteren Schlaf im Alter gut zurecht kommt oder darunter leidet und zu erschöpft ist, den Tag auf befriedigende Weise zu gestalten. Letzteres wird als Störung gedeutet, die fachgerecht behandelt werden muss (→ Seite 123).

Während jüngere Menschen Schlafprobleme vor allem auf hohe Belastungen am Arbeitsplatz oder auf Konflikte in Partnerschaft und Familie zurückführen, nennen ältere vornehmlich körperliche Krankheiten (→ Seite 59) als Grund für die Schlaflosigkeit.

Darüber hinaus gibt es bei vielen älteren Menschen noch weitere Besonderheiten:

- Der Auslöser, der eine chronische Schlafstörung verursacht hat, ist nicht mehr erkennbar.
- Sie nehmen seit langem (manchmal seit etlichen Jahren) Schlafmittel ein.
- Sie haben eine (jahre)lange Arzt-Odyssee hinter sich, die die Schlafstörung nicht beseitigen konnte.

- Sie verlieren mit dem Ende der Erwerbstätigkeit einen wichtigen äußeren Zeitgeber, der sich vorher regulierend auf den Schlaf-Wach-Rhythmus ausgewirkt hat.
- Sie bleiben häufig zu lange im Bett, haben keinen fest strukturierten Tagesablauf und keine regelmäßigen sozialen Kontakte.
- Sie haben vielfach überhöhte und unrealistische Erwartungen an den Schlaf, die die nächtlichen Beschwerden noch verstärken: So soll der Schlaf zum Beispiel einen unerfüllten Tag verkürzen, er soll Zufriedenheit und Ausgeglichenheit, Kraft und Optimismus, manchmal sogar ein jugendliches Aussehen und körperliche Fitness schenken.
- Sie müssen den Tod von Angehörigen und Freunden, soziale Isolation, die Angst vor Hinfälligkeit und dem eigenen Sterben bewältigen.

Alterstypische Schlafveränderungen

Bei Menschen über 65 Jahre reduziert sich der Nachtschlaf meistens von insgesamt sieben oder acht Stunden allmählich auf fünf bis sechs. Darüber hinaus klagen sie über längere Einschlafzeiten, einen flacheren Schlaf, aus dem sie häufig erwachen, und über zu frühes Aufwachen am Morgen. Dieses subjektive Empfinden wird bei entsprechender Untersuchung im Schlaflabor in der Regel durch einen objektiven Befund bestätigt: Das Schlaf-EEG weist bei den über 60-Jährigen eine deutliche Verringerung des Tiefschlafs auf. Die tiefste Schlafphase (Stadium IV, → Seite 28) verschwindet fast völlig, während Stadium III deutlich reduziert ist. Da der Schlaf die ganze Nacht vorwiegend von der Ein- und Leichtschlafphase bestimmt ist, sinkt die Weckschwelle und Schlafunterbrechungen nehmen im Vergleich zu jüngeren Jahren deutlich zu. Man kann also nicht mehr wie früher „in einem Stück" durchschlafen, sondern wird häufiger wach und kann nicht sofort wieder einschlafen.

Die Fragmentierung des Schlafes und die verringerten Tiefschlafphasen führen zu einer weniger guten Schlafeffizienz. Das bedeutet, dass ältere Menschen mehr Zeit im Bett verbringen müssen, um auf die gleiche Schlafdauer wie früher zu kommen. Die Veränderung der Schlafstruktur erklärt aber auch das Gefühl, morgens nicht mehr so erholt und ausgeschlafen zu sein wie in jüngeren Jahren. Allerdings lässt sich der verkürzte Nachtschlaf in der nachberuflichen Lebensphase problemlos durch einen ausgiebigen Mittagschlaf (und zusätzliche Tagesnickerchen) ausgleichen, sodass man insgesamt wieder auf die gleiche Schlafmenge kommt wie früher.

Bei einigen älteren Menschen kommt es hinsichtlich der Schlafdauer zu erheblichen Fehleinschätzungen. Sie sind der festen Überzeugung, sie hätten „die ganze Nacht kein Auge zugetan", obwohl Untersuchungen im Schlaflabor ein normales alterstypisches Schlafverhalten belegen. Schlafforscher vermuten, dass der deutlich leichtere Schlaf im Alter zu einer eingeschränkten Wahrnehmungsfähigkeit des Schlaf-Wach-Verhaltens führt und für die Fehlinterpretationen verantwortlich ist. Auch erhöhte geistige Aktivität während des Schlafes führt möglicherweise zu dem Eindruck, man habe überhaupt nicht geschlafen.

Körperliche Krankheiten

Je älter wir werden, desto mehr nimmt die Anfälligkeit für bestimmte Erkrankungen zu. Zum einen, weil die Körperzellen nicht mehr so gut funktionieren wie in jüngeren Jahren und die Abwehrkräfte im Laufe der Zeit schwächer werden. Zum anderen, weil jahrelange Ernährungsfehler, Bewegungsmangel, Genussgifte, Dauerstress und Belastungen in Beruf und Umwelt die Organe schädigen. Es ist deshalb nicht verwunderlich, dass Schlafbeschwerden im Alter wesentlich häufiger als früher durch körperliche Erkrankungen ausgelöst werden. Dazu gehören insbesondere:

- chronische Schmerzerkrankungen,
- Herz-Kreislauf-Erkrankungen,
- Lungenkrankheiten,
- Asthma bronchiale,
- Stoffwechselstörungen wie zum Beispiel Diabetes,
- Hautkrankheiten, die mit nächtlichem Juckreiz verbunden sind,
- Durchblutungsstörungen mit mangelnder Sauerstoffversorgung des Gehirns.

Liegen körperliche Erkrankungen vor, müssen vornehmlich diese behandelt werden. In den meisten Fällen bessert sich dadurch auch der Schlaf.

Seelische Belastungen und Erkrankungen

In jedem Alter müssen wir bestimmte Veränderungen und Herausforderungen bewältigen. Doch im letzten Drittel des Lebens können die Probleme, die es zu lösen gilt, besonders gravierend sein. Die in der Gesellschaft noch immer weit verbreitete negative Bewertung älterer Menschen macht vielen zu schaffen. Sie fühlen sich nutzlos, zum „alten Eisen" gehörend, von den Medien und der Öffentlichkeit kaum noch angesprochen und beachtet. Das, was ihrem Leben bislang Sinn und Orientierung gab, verliert nun seine Bedeutung: die berufliche Herausforderung, der tägliche Kontakt mit Kolleginnen und Kollegen, regelmäßige Aktivitäten außerhalb des Hauses. Zum Verlust der Rolle im Beruf kommt der hinzu, der ihre Aufgabe als Eltern betrifft: Die Kinder sind jetzt mit dem Aufbau des eigenen Lebens beschäftigt. Darüber hinaus verlieren viele ältere Menschen während des Ruhestands den Lebenspartner beziehungsweise die Lebenspartnerin. Kommt dann noch der Tod von Freunden und Angehörigen hinzu, wächst die Gefahr der sozialen Isolation.

Diese mehrfachen Verluste, die Umstellung des gesamten Lebensstils und die Angst vor dem eigenen Sterben können tiefe seelische Krisen und damit erhebliche Schlafstörungen auslösen.

Ob diese Belastungen so schwer wiegen, dass sie zum Beispiel in eine Depression oder in eine Angsterkrankung münden, hängt in entscheidendem Maße davon ab, ob wir unser Leben als kontrollier- und veränderbar empfinden oder uns selbst als unfähig, hilflos und ohnmächtig einschätzen. Wer sich rechtzeitig auf die nachberufliche Lebensphase vorbereitet, sich neue Ziele setzt und bewusst soziale Kontakte pflegt, hat ein deutlich niedrigeres Erkrankungsrisiko.

Demenzerkrankungen, die im Alter verstärkt auftreten können, sind ebenfalls mit erheblichen Schlafstörungen verbunden: Der Schlaf ist flacher und wird unterbrochen. Außerdem können schwere Schlaf-Wach-Rhythmusstörungen entstehen, die im Extremfall zu einer vollständigen Tag-Nacht-Umkehr führen. Die betroffenen Menschen können nachts überhaupt nicht mehr schlafen, sind oft hochgradig geängstigt und gehen umher, während sie tagsüber extrem müde sind und schlafen.

Medikamente

In fortgeschrittenem Lebensalter muss noch mit zusätzlichen Risiken gerechnet werden, die sich aus der (notwendigen) Einnahme von Medikamenten ergeben. Die Wirksubstanzen bauen sich in der Regel langsamer ab als in jüngeren Jahren, sodass sie sich nach 10 oder sogar 20 Stunden immer noch im Körper nachweisen lassen. Beim nächtlichen Erwachen sind Reaktionsvermögen und Muskelkontrolle manchmal so stark herabgesetzt, dass die Betroffenen zum Beispiel beim Gang auf die Toilette stürzen und sich dabei unter Umständen einen Oberschenkelhalsbruch zuziehen können. Am Morgen und während des Tages kann es zu anhaltender Müdigkeit, zu Gedächtnistrübungen, auffallender Konzentrationsschwäche, Antriebsarmut und zu depressiven Stimmungen kommen.

Ab dem 65. Lebensjahr steigt der Schlafmittelkonsum sprunghaft an. Während in allen Altersgruppen etwa ein Drittel der Bevölkerung gelegentlich zu Schlaftabletten greift, nimmt über die Hälfte der Schlafgestörten jenseits der 65 häufig bis regelmäßig Schlafmittel ein. Diese können zum einen nur die Symptome lindern, nicht aber die Ursache für den gestörten Schlaf beseitigen, der gerade bei den Älteren häufig in körperlichen Erkrankungen liegt. Zum anderen lässt die schlafanstoßende Wirkung benzodiazepinhaltiger Schlafmittel spätestens nach drei bis vier Wochen kontinuierlicher Einnahme nach, was in vielen Fällen Dosissteigerung, Abhängigkeit und Missbrauch nach sich zieht (→ Seite 127 f.).

Nicht selten lösen Schlafmittel darüber hinaus bei älteren Menschen eine paradoxe Reaktion aus. Dann tritt nicht die erwünschte innere Ruhe und damit der Schlaf ein, sondern das genaue Gegenteil: Sie werden hellwach, mitunter sogar sehr unruhig und ängstlich.

Es ist davon auszugehen, dass ein Großteil der Menschen über 65 Jahre nicht an einer alters-, sondern vielmehr wegen ihres hohen und regelmäßigen Schlafmittelkonsums an einer medikamentenbedingten Schlafstörung leiden. Nach Ansicht von Schlafmedizinern sollten deshalb auch ältere Patienten stärker als bislang mit nicht-medikamentösen Verfahren (→ Seite 136, 148) behandelt werden.

Was den Schlaf fördert

Der eigentlich hervorbringende, fruchtbare Teil unseres Lebens ist der Schlaf.

Carl Zuckmayer

Viele Wege führen zum Ziel – das trifft auch für die Therapie von Schlafstörungen zu. Denn Ein- und Durchschlafstörungen müssen anders behandelt werden als übermäßige Tagesmüdigkeit, Schlaf-Wach-Rhythmusstörungen oder bestimmte Begleitsymptome des Schlafes wie Albträume und Schnarchen. Außerdem lassen sich chronische Schlafstörungen in der Regel nicht von heute auf morgen beheben. Wer schon seit Monaten, vielleicht sogar seit Jahren schlecht schläft, muss viel Geduld aufbringen, bis sich die erholsame Nachtruhe wieder einstellt. Und manche Maßnahmen, auf die die einen schwören, zeigen bei den anderen überhaupt keine oder nur geringfügige Wirkung.

Guter Schlaf kommt nicht von selbst. Er hängt ab von Lebensgewohnheiten, von der körperlichen und seelischen Verfassung, von räumlichen und klimatischen Bedingungen, von Umwelteinflüssen und sozialen Faktoren. Deshalb ist es wichtig, der Schlaflosigkeit auf den Grund zu gehen. Erst wenn man weiß, warum man nachts nicht schlafen kann, ist gezielte Abhilfe möglich.

Gesunde Schlafumgebung

Die Umgebung, in der wir schlafen, hat einen erheblichen Einfluss auf die Qualität unseres Schlafes. Dunkelheit und Lärmschutz spielen dabei eine ebenso wichtige Rolle wie Raumtemperatur, Raumfeuchtigkeit und die richtige Ausstattung für das Bett.

Grundsätzlich sollte das Schlafzimmer der ruhigste Raum der Wohnung sein, also weitgehend unbehelligt von Straßenlärm und anderen Außengeräuschen. Darüber hinaus empfiehlt es sich, das Fenster gut gegen störende Lichtquellen von außen wie Laternenlicht oder Leuchtreklame abzudunkeln und das Zimmer, wenn irgend möglich, nur zum Schlafen, für eine Lieblingsbeschäftigung oder als persönlichen Ruheraum, nicht aber für Haus- oder Berufsarbeit zu nutzen. Denn wer beim Betreten des Schlafraums an unerledigte Akten, an Bügelwäsche oder andere vielleicht ungeliebte Aufgaben erinnert wird, assoziiert seine Schlafumgebung mit Pflichten statt mit Ruhe und Erholung. Lässt es sich nicht vermeiden, dass das Schlafzimmer gleichzeitig als Wohnraum oder Arbeitszimmer genutzt wird, muss es abends unbedingt aufgeräumt und deutlich sichtbar in einen Ort der Entspannung verwandelt werden.

Die richtige Raumtemperatur

Das Schlafzimmer sollte weder zu kalt noch zu warm sein. Am günstigsten ist eine Raumtemperatur, die bei zirka 18 Grad Celsius, nicht aber unter 16 Grad liegt. Das gilt insbesondere für ältere Menschen. Viele von ihnen sind noch mit der Devise: „Kalt schlafen ist gesund" aufgewachsen, die längst von der Schlafforschung widerlegt wurde. Gerade mit zunehmendem Alter hat der Körper ein deutlich größeres Wärmebedürfnis als in jüngeren Jahren. Deshalb ist es wichtig, dass das Schlafzimmer eine angenehme Temperatur aufweist, die durchaus auch bei 20 Grad Celsius liegen kann.

Besonders während der kalten Jahreszeit ist darauf zu achten, dass der Schlafraum nicht zu sehr auskühlt. Wichtig ist außerdem, dass das Bett möglichst an der wärmsten Wand und nicht zu nahe am Fenster steht. Nur wenn es mindestens einen Meter vom Fenster entfernt ist, liegt es außerhalb der Kältezonen, die sich häufig an den Außenwänden und Fensterseiten bilden. Körper-, Bett- und Raumtemperatur dürfen nicht zu unterschiedlich sein. Sowohl ein zu kaltes als auch ein zu warmes Bettklima können den Schlaf stören: Denn als Folge verringern oder verstärken sich die natürlichen Lagewechsel, was häufiges Aufwachen bewirken kann. Ist es im Bett zu warm, gerät man während des Schlafes leicht ins Schwitzen. Dann zieht man meist die Bettdecke weg und kann sich wiederum schnell eine Verkühlung oder Muskelverspannung zuziehen.

Es gibt durchaus geschlechtsspezifische Vorlieben hinsichtlich der Raumtemperatur: Männer bevorzugen oft einen kühleren Schlafraum, viele Frauen frieren leicht und „mögens heiß". Manche Paare einigen sich auf eine mittlere Temperatur, andere schlafen abwechselnd mit geöffnetem oder geschlossenem Fenster, mit zurückgeschalteter oder etwas aufgedrehter Heizung. Lässt sich kein Kompromiss erzielen, helfen nur getrennte Schlafzimmer, denn es ist nicht sinnvoll, aus übertriebener Rücksichtnahme auf erholsamen Schlaf zu verzichten.

Auf ausreichende Raumfeuchtigkeit achten

Die ideale Feuchtigkeit liegt – in sämtlichen Wohnräumen – bei zirka 50 Prozent. Dazu braucht man in aller Regel keine Luftbefeuchter. Gesunde Luftverhältnisse erzielt man am besten durch gründliches Lüften, das so genannte Stoßlüften: Dabei werden die Fenster mehrmals täglich etwa fünf Minuten lang ganz geöffnet. Für das Schlafzimmer sind zwei Lüftungen am Tag ausreichend: jeweils rund zehn Minuten am Morgen nach dem Aufstehen und ein zweites Mal genauso lange unmittelbar vor dem Schlafengehen. Das gewährleistet einen besseren Luftaustausch als eine stundenlange Kippstellung. Ob man besser bei geöffneten oder geschlossenen Fenstern schläft, hängt vom persönlichen Empfinden ab und natürlich von der Wohngegend. Denn wenn das Schlafzimmer an einer verkehrsreichen Straße liegt, wird man kaum das Bedürfnis haben, bei offenem Fenster zu schlafen.

Ein Schlafzimmer für sich allein?

Neben dem unterschiedlichen Wärmebedürfnis gibt es noch weitere Gründe, die für getrennte Schlafzimmer sprechen. Einer der wichtigsten ist sicher starkes Schnarchen (→ Seite 54, 68). Wer sehr unruhig schläft, sich viel bewegt oder häufig nachts aufsteht, kann ebenfalls den Schlaf der Bettnachbarin oder des Bettnachbarn stören. Auch hier sind getrennte Schlafzimmer, zumindest aber getrennte Betten, von Vorteil.

Morgens, vom letzten Schlaf ein Stück,
nimm mich ein bisschen mit –
auf deinem Traumboot zu gleiten ist Glück –
Die Zeituhr geht ihren harten Schritt ...
pick-pack ...

„Sie schläft mit ihm", ist ein gutes Wort.
Im Schlaf fließt das Dunkle zusammen.
Zwei sind keins. Es knistern die kleinen Flammen,
– aber dein Atem fächelt immerfort.
Ich bin aus der Welt. Ich will nie wieder in sie zurück –
jetzt, wo du nicht bist, bist du ganz mein.
Morgens, im letzten Schlummer ein Stück,
kann ich dein Gefährte sein.

„Sie schläft" von Kurt Tucholsky,
in: „Zwischen gestern und morgen"

Manche Paare entscheiden sich aus erotischen Gründen, öfters allein zu schlafen, um auf diese Weise der Alltagsroutine in der Partnerschaft entgegen zu wirken. Für andere ist das gemeinsame Bett ein Ort nächtlicher Geborgenheit, die sie um keinen Preis missen möchten. Wieder andere genießen es, abends eine Zeit lang im Bett zusammen zu sein, gehen im Schlaf aber lieber getrennte Wege und treffen morgens in dem einen oder anderen Bett wieder zusammen. Es gibt keine allgemein gültigen Empfehlungen für oder gegen getrennte Schlafzimmer. Jedes Paar muss für sich herausfinden, welche Variante zu welchem Zeitpunkt die beste ist. Im Laufe einer langjährigen Liebesbeziehung gibt es unterschiedliche Phasen wechselseitiger Nähe und Distanz. Eine Phase, in der der Rückzug auf sich selbst und die Suche nach einer vielleicht verloren gegangenen Eigenständigkeit besonders wichtig sind, ist häufig begleitet von dem Wunsch, auch einmal eine Zeit lang allein zu schlafen. Für viele Paare ist ein Zusammenleben in einer gemeinsamen Wohnung ohne eigenes Zimmer, in das man sich ungestört zurückziehen kann, ohnehin undenkbar.

Wie man sich bettet, ...

... so schläft man. Das trifft zwar oft zu, aber längst nicht immer. Denn wer tatsächlich unter einer schweren Schlafstörung leidet, dem wird auch das beste Bett nicht zur ersehnten Nachtruhe verhelfen. Dennoch: Die Stätte, in der wir ein Drittel unseres Lebens verbringen, gilt in der Schlafmedizin als das wichtigste Möbelstück im Haus. Immerhin vertrauen wir dem Bett Nacht für Nacht unsere körperliche und seelische Regeneration an – und damit die Aufgabe, die Grundlage für unser Wohlbefinden und unsere Leistungsfähigkeit am Tag zu schaffen. Das bedeutet: Keine falsche Sparsamkeit, wenn es um den Kauf von Matratzen, Lattenrosten, Zudecken und Kopfkissen geht.

Ein Mensch möcht' sich im Bette strecken,
doch hindern die zu kurzen Decken.
Es friert zuerst ihn an den Füßen,
Abhilfe muss die Schulter büßen.
Er rollt nach rechts und meint, nun ging's,
Doch kommt die Kälte prompt von links.
Er rollt nach links herum, jedoch
Entsteht dadurch von rechts ein Loch.
Indem der Mensch nun dies bedenkt,
Hat Schlaf sich mild auf ihn gesenkt,
Und schlummernd ist es ihm geglückt:
Er hat sich warm zurechtgerückt.
Natur vollbringt oft wunderbar,
Was eigentlich nicht möglich war.

„Beim Einschlafen" von Eugen Roth
aus: „Sämtliche Menschen"

Die richtige Unterfederung

Ein fester, verstellbarer Lattenrost mit breiten Latten und schmalen Zwischenräumen (zwischen vier und fünf Zentimeter Abstand) kann alle Matratzentypen gut unterstützen.

Einfache Lattenroste, bei denen der Abstand zwischen den einzelnen Latten mehr als sieben Zentimeter beträgt, bieten dem Körper meist keine gute Unterstützung. Die Latten sind häufig nicht tragfähig genug, und der Schlafende hängt samt Matratze durch. Insbesondere dann, wenn er eine flexible Matratze benutzt, die weniger als 15 Zentimeter dick ist. Solche Lattenroste sind nur bedingt für Latex-, Schaumstoff- und Tonnen- oder Taschenfederkernmatratzen geeignet.

Aufwendige Lattenroste mit schmalen, beweglichen Latten, geringen Zwischenräumen und einstellbarer Härte sind für alle Matratzentypen geeignet. Bei dünnen Schaumstoff- oder Latexmatratzen kann sich der Liegekomfort mit einem Tellerlattenrost mit einzelnen beweglichen Kunststoffelementen verbessern, sofern die Teller gut positioniert sind.

... und die passende Matratze

Das Bett muss sich dem gesamten Körper anpassen und ermöglichen, dass schwerere Körperteile tiefer einsinken können, ohne dabei „durchzuhängen“. Deshalb ist es sehr wichtig, dass Lattenroste und Matratzen gut aufeinander abgestimmt sind.

Schaumstoffmatratzen bestehen heutzutage aus überwiegend hochwertigem Kunststoffmaterial und werden in der Regel ohne FCKW hergestellt. Sie sind sehr elastisch und eignen sich deshalb besonders gut für verstellbare Lattenroste. Bei dem so genannten viskoelastischen Schaumstoff, der auch als Memory-Schaum bezeichnet wird, sind nach dem Aufstehen noch Sekunden lang Abdrücke auf dem Matratzenkern zu sehen. Für Bettlägerige sind diese Matratzen von Vorteil: Der Druck des Körpers wird gleichmäßig verteilt, sodass sich nicht so leicht Druckgeschwüre bilden. Bei gesunden Menschen stören sie eher die Bewegungsfreiheit.

Matratzen aus Latex haben ähnliche Eigenschaften wie andere Schaumstoffmatratzen. Sie werden meist synthetisch hergestellt und bestehen nur selten aus Naturlatex. Letzterer wird aus dem Saft des Gummibaums gewonnen und kann Überempfindlichkeitsreaktionen hervorrufen. Allerdings kommt das nur selten vor, da der Matratzenkern in der Regel nicht mit der Haut in Berührung kommt.

Federkernmatratzen enthalten Stahlfedern, die mit einer Polsterung umgeben sind. Sie sind preiswert, dämpfen aber die Körperbewegungen oft zu wenig und schwingen nach.

Bei Matratzen mit Tonnen- oder Taschenfederkern ist jede Feder in ein Stoffsäckchen eingenäht oder -geklebt. Die einzelnen Taschen sind miteinander verbunden. Der Vorteil gegenüber dem einfachen Federkern besteht darin, dass der Taschenfederkern eher punktuell als großflächig nachgibt und meist nur wenig nachschwingt.

Von entscheidender Bedeutung ist die Qualität der jeweiligen Matratze. Deshalb sollte man sich von kompetenten Fachleuten ausgiebig über die körperunterstützenden Eigenschaften und den Feuchtigkeitstransport sowie – gegebenenfalls – über spezielle Materialien für Allergiker beraten lassen. Eine Matratze muss ausreichend Bewegungsfreiheit bieten, damit sich Wirbelsäule und Bandscheiben nachts erholen können. Bilden sich rasch Liegemulden, werden die Bewegungen während des Schlafes eingeschränkt, und man fühlt sich morgens gerädert und zerschlagen.

Ein wichtiges Kriterium für ausreichende Bewegungsfreiheit ist die Kontaktfläche des Körpers mit der Matratze. Ist sie groß, muss man mehr Widerstand überwinden, wenn man sich umdrehen will. Sehr weiche Matratzen, in denen man tief einsinkt, haben oft besonders große Kontaktflächen.

Fest steht, dass sich extrem weiche Matratzen ungünstig auf den Schlaf auswirken. Wie hart eine Matratze jedoch sein sollte, ist eine Frage des persönlichen Empfindens. Da die Angaben der Hersteller über den Härtegrad bis heute nicht einheitlich sind, ist es wichtig, die Matratze ausgiebig zu testen, bevor man sich

Beachtenswertes rund um Matratze und Lattenrost

- Nehmen Sie sich genug Zeit, um eine neue Matratze ausgiebig und in jeder Lage zu testen.
- Achten Sie auf eine gute Abstimmung zwischen Lattenrost und Matratze.
- Die Matratze sollte anschmiegsam, ohne spürbaren Auflagedruck und nach Ihrem persönlichen Empfinden weder zu weich noch zu hart sein.
- Für schwere Menschen, deren Körper im Schlaf stärker abgestützt werden muss, empfiehlt sich eine härtere Matratze (sonst kommt es leicht zur Kuhlenbildung).
- Wenn Sie sich mit dem Knie auf der Matratze abstützen und sich dabei eine großflächige Delle (zirka 30 bis 40 Zentimeter) bildet, ist das Exemplar zu weich.
- Zu harte Matratzen sind ebenso schädlich wie zu weiche (dass das auch für alte und durchgelegene gilt, versteht sich von selbst). In beiden Fällen wird die Wirbelsäule nicht in ihrer natürlichen Form unterstützt, sondern falsch belastet.
- Eine gute Matratze verursacht kein störendes Nachfedern und keine Geräusche bei Lagewechseln.
- Wichtig ist ein guter Feuchtigkeitstransport in und durch die Matratze. Deshalb muss die ausreichende Luftzufuhr von unten gewährleistet sein. Am besten ist es, wenn Lattenrost samt Matratze genügend Abstand zum Boden haben.
- Damit die Matratze gut durchlüftet und möglichst gleichmäßig beansprucht wird, sollte sie mindestens viermal im Jahr gewendet werden. Mit regelmäßigem Lüften rücken Sie auch Hausstaubmilben zu Leibe, die sich mit Vorliebe auf Matratzen, Oberbetten und Kopfkissen tummeln und bei manchen Menschen allergische Reaktionen hervorrufen.
- Matratzenschoner sind bei guten Lattenrosten nicht erforderlich, sondern nur bei Rosten, deren Latten einen zu großen Abstand haben.
- Aus hygienischen Gründen sind abnehmbare und waschbare Matratzenbezüge empfehlenswert.

Und vergessen Sie nicht: Eine Matratze ist keine Anschaffung für die Ewigkeit. Ihre Höchstlebensdauer liegt bei etwa zehn Jahren. Danach sollte sie aus hygienischen Gründen ausgewechselt werden. Die alte Matratze muss selbstverständlich entsorgt werden – und darf auf keinen Fall im Kinderzimmer landen (→ Seite 95).

zum Kauf entschließt. Das kurze Probeliegen im Geschäft und die Auskünfte des Fachpersonals sind deshalb noch nicht ausreichend, da sich die Qualität eines Bettes meist erst im Dauergebrauch und nicht schon nach wenigen Minuten Liegetest zeigt. Wer sich für Betten der höheren Preisklasse interessiert, sollte darauf bestehen, dass der Händler sie für einige Probenächte in die Wohnung stellt.

Die richtige Bettgröße

Bewegungen während des Schlafes sind sehr wichtig, denn mit jeder Lageveränderung werden Muskeln entlastet, die vorher angespannt waren. Das bedeutet, dass wir ausreichend Bewegungsfreiheit brauchen. Ist das Bett zu kurz oder zu schmal, werden die natürlichen (und häufig unbewussten) Bewegungen gehemmt: Wenn man sich umdreht oder die Arme ausstreckt, stößt man gegen eine Wand oder aber dem Partner in Rücken oder Hüfte und erntet entsprechenden Protest. Das Bett sollte deshalb möglichst 15 bis 20 Zentimeter Raum zum Kopf- und zum Fußende haben. Auch in der Breite darf nicht gespart werden. Schmalere Betten sind allenfalls für frisch Verliebte geeignet. Doch spätestens beim Einrichten einer gemeinsamen Wohnung sollte man sich den Komfort eines breiteren Bettes gönnen.

Das Schlafkissen ist der Richterstuhl des Gewissens, und daher muss man, um gut zu schlafen, gut mit dem Schlafkissen stehen. Was könnten uns Schlafkissen der Könige, Minister und Maîtressen nicht alles sagen, da sie die Wahrheit bis in die Träume hinein verfolgen? Die Nacht deckt die Erde, um uns den Himmel oder die Hölle zu öffnen, ihr Schweigen ist die Freundin der Betrachtung, und sie verbreitet mehr Glückseligkeit über die Sterblichen als der Tag; Leidenschaften und Arbeit ruhen, der Leidende und Unglückliche verschlummert seinen Jammer, und der Glückliche ist doppelt glücklich im Traume. Das Bett ist zwar eine Säugamme vieler Krankheiten, aber sind wir nicht auch am glücklichsten im Bette? Eine gerade, horizontale Lage ist das beste Mittel gegen Schmerz, wenigstens gegen Kopfweh, und wenn gewisse Menschen Tag und Nacht auf dem Bette herumlümmeln können, so ist es für andere vielleicht besser, als wenn sie auf den Beinen wären. Manche können nicht anders liegen als überzwerch, was wenigstens für Ehemänner nichts taugt, und wieder andere liegen so gekrümmt, dass sie beinahe die Nase zwischen den Füßen haben, wie Hunde und Dachse.

Aus: „Das Schlafkissen“ von Karl Julius Weber, zitiert in „Die Kunst des Schlafens“ von Günter Stolzenberger (Hrsg.)

Ein sanftes Ruhekissen ...
darf nicht zu prall gefüllt sein, damit es sich in die individuell richtige Form drücken lässt. Günstig ist eine längliche Kissenform (40 mal 80 Zentimeter). Dabei werden Kopf und Nacken in der Regel gut abgestützt. Die Kopfkissenfüllung (Federn, Wolle, Rosshaar oder andere Materialien) hängt von persönlichen Präferenzen ab. Wichtig ist aber, keine Stoffe zu wählen, bei denen es zu Überempfindlichkeits- oder gar zu allergischen Reaktionen kommen kann.

Bettdecken und Bettwäsche ...
sind eine Frage des individuellen Geschmacks. Grundsätzlich spricht nichts gegen Daunen, Wolle, Baumwolle, Seide oder synthetische Materialien. Bei der Kaufentscheidung sollten neben Preis und Qualität vor allem das persönliche Wärmeempfinden und gegebenenfalls bestimmte Erkrankungen wie zum Beispiel Allergien, Asthma oder Rheuma berücksichtigt werden. Die Bettdecke wechselt man am besten mit der Jahreszeit und wählt eine dünnere für den Sommer, eine wärmere für Herbst und Winter.

Nacktschlafen ...
ist ebenfalls eine Entscheidung ganz persönlicher Art – aus hygienischen Gründen jedoch nicht unbedingt empfehlenswert. Denn während des Nachtschlafs sondert der Körper bis zu einem halben Liter Flüssigkeit ab. Ein Teil dieser Feuchtigkeit wird mit dem Atem, ein Großteil aber über die Haut ausgeschieden. Wenn wir nackt schlafen, geht die Feuchtigkeit direkt in das Laken, die Bettdecke und in die Matratze. Ein Pyjama oder Nachthemd nimmt dagegen viel von der Feuchtigkeit auf und schützt gleichzeitig vor Unterkühlung und Muskelverspannungen im Nacken- und Schulterbereich.

Das Bett für Kinder

Bis zum Alter von ungefähr sechs Jahren brauchen Kinder ein spezielles Kinderbett. Es hat nicht die gleiche Unterfederung wie Betten für Erwachsene, sondern meist eine härtere Unterlage. Diese entspricht besser der kindlichen Wirbelsäule, die noch im Wachsen begriffen ist. Weiche Matratzen können zu einer Verkrümmung der Wirbelsäule führen. Außerdem bewirken sie, dass der Schlaf unruhig wird, was sensible Säuglinge und Kleinkinder immer wieder aufwachen lässt.

Ab dem Schulalter können Kinder in einem normalen Erwachsenenbett mit aufeinander abgestimmter Unterfederung und Matratze liegen. Auch hier sollte man auf Qualität achten und nicht an der falschen Stelle sparen. Kinder haben zwar in aller Regel noch keine Beschwerden an der Wirbelsäule. Doch viele entwickeln schon ab dem Schulalter Haltungsschäden, die nicht noch durch schlechte Liegeverhältnisse in der Nacht verstärkt werden dürfen.

Das Bett mit besonderem Komfort

Mit fortschreitendem Alter steigt oftmals der Anspruch, es im Bett, beim Sichniederlegen und Aufstehen besonders bequem zu haben. Manchmal ist es darüber hinaus aus gesundheitlichen Gründen notwendig, ein Bett mit besonderen Ausstattungsmerkmalen anzuschaffen. Zwar haben die Möbelhersteller mittlerweile diesen Trend auch für sich entdeckt, dennoch gibt es bislang keine verbindliche Norm für das „ideale Seniorenbett“. Das wichtigste Kriterium dürfte sein, dass diese Betten, die im Gegensatz zu „Normalbetten“ höher sind – und somit das Hinlegen und das Aufstehen wesentlich erleichtern – einen verstellbaren Lattenrost haben, und sich so die Höhe von Kopf- und Fußende variieren lässt.

Manche Betten lassen sich – wenn notwendig – auch zu einem Pflegebett umrüsten (Anbringen von Griffen, Schutzvorrichtungen usw.). Da die Anschaffung eines solchen Bettes eine sehr individuelle Entscheidung ist und auch eine Frage des Preises, ist eine gezielte Fachberatung unbedingt notwendig.

Erste Maßnahmen bei Ein- und Durchschlafstörungen

Da die meisten Menschen, die über ihren Schlaf klagen, unter (chronischen) Ein- und Durchschlafproblemen leiden, soll auf die Behandlung dieser Störung ausführlich eingegangen werden. Dabei geht es zunächst um die Veränderung von Lebensgewohnheiten, denn Ein- und Durchschlafstörungen haben nur selten eine organische Ursache. Viele Faktoren, die den Schlaf beeinträchtigen, kann man selbst beseitigen, zum Beispiel mit ausgewogener Ernährung, mit mehr Bewegung und Sport, mit natürlichen Einschlafhilfen, mit regelmäßiger Schlafhygiene oder mit Entspannungstechniken und gezielter Stressbewältigung. Darüber hinaus lassen sich Schlafstörungen eine Zeit lang mithilfe von beruhigenden und schlaffördernden Arzneimittelsubstanzen überbrücken, die ohne Rezept erhältlich sind.

Bringen all diese Maßnahmen nicht den gewünschten Erfolg, ist fachliche Hilfe erforderlich (→ Seite 123).

Lebensgewohnheiten verändern

Wie der Tag, so die Nacht – diese alte Weisheit hat nichts von ihrer Gültigkeit eingebüßt. Denn Verhaltensweisen während des Tages wirken sich auch auf den Schlaf in der Nacht aus – positive genauso wie negative. Maßnahmen, die unserer Gesundheit dienen, fördern zugleich den erholsamen Schlaf. Besonders wichtig sind ein gleichmäßiger Lebensrhythmus – mit regelmäßigen Ruhe- und Aktivitätsphasen und eine Ernährung, die das Attribut „gesund" verdient.

Unsere Ernährung – kritisch betrachtet

Die Art und Weise, wie wir uns ernähren, lässt nach wie vor viel zu wünschen übrig. Denn im Allgemeinen essen wir noch immer zu viel, zu fett, zu süß und zu salzig. Und nicht nur das. Wir essen auch zu schnell, zu spät und wir vergessen, sorgfältig zu kauen. Viele Menschen frühstücken wenig oder gar nicht, ernähren sich tagsüber von Häppchen, Knabbereien oder Fastfood, was kaum Nährwert und nur wenig Vitamine, Mineralstoffe und Spurenelemente enthält. Wenn sie abends nach Hause kommen, haben sie einen „Bärenhunger", nehmen deshalb eine üppige Mahlzeit zu sich und gehen ein oder zwei Stunden später ins Bett. Das ist alles andere als gesund. Unser Verdauungssystem muss dadurch zu einer Zeit Schwerstarbeit leisten, in der es eigentlich schon auf Sparbetrieb schaltet. Das wiederum beeinträchtigt unser Wohlbefinden und damit auch unseren Schlaf. Außerdem verursachen schwere Mahlzeiten häufig Verdauungsbeschwerden und Blähungen, die den Schlaf ebenso stören können wie ein ernährungsbedingter Mangel an Mineralstoffen, insbesondere an Eisen, Kalzium und Magnesium.

Es ist nicht nur von Bedeutung, was und wie viel, sondern vor allem auch wann wir essen. Wer die Möglichkeit hat, die Hauptmahlzeit vom Abend auf die Mittagszeit zu verlegen, sollte das unbedingt tun. Noch besser ist es, mehrere kleine Mahlzeiten zu sich zu nehmen. Die bedürfen keiner aufwendigen Zubereitung. Ein frisch gepresster Saft, ein gemischter Salat, eine Handvoll (ungesalzener) Nüsse, ein Müsli, eine Portion Cornflakes mit Milch, ein Joghurt, eine Bananen- oder Erdbeermilch, eine Suppe, ein oder zwei Scheiben Brot, belegt mit fettarmem Käse, Kräuteraufstrich, Tomaten oder Gurken, all das eignet sich hervorragend für ein nahrhaftes (Zwischen-)Gericht.

Mit insgesamt fünf Portionen Obst und Gemüse pro Tag ist man gut mit wichtigen Vitalstoffen versorgt – vor allem, wenn man nach dem Ampelprinzip vorgeht und jeweils rote, gelbe und grüne Früchte wählt. Vitamin- oder Mineralstoffpräparate sind kein Ersatz für pflanzliche Nahrungsmittel, denn sie enthalten nicht die sekundären Pflanzenstoffe wie Carotinoide, Flavonoide und Sulfide, denen Ernährungsforscher eine hohe Schutzwirkung für den Organismus zuschreiben. Empfehlenswert sind naturbelassene Lebensmittel, reichlich Kartoffeln, Brot, Getreide- und Milchprodukte sowie ein sparsamer Umgang mit Fett, Salz und Zucker.

Schlafmediziner raten, möglichst gegen 18 Uhr, spätestens jedoch um 19 Uhr zu Abend zu essen. Empfehlenswert ist ein „Schlummermahl", das der Devise „leicht, warm und wenig" folgt. Dabei muss jeder selbst herausfinden, welche Speisen für ihn abends am bekömmlichsten sind. Denn was bei den einen schlaffördernd wirkt, kann bei anderen den Schlaf stören, zum Beispiel dann, wenn eine Allergieneigung gegen Kuhmilch, Eier, Fisch oder andere Nahrungsmittel(substanzen) besteht. Auf jeden Fall sollte man ab 18 Uhr auf alle fetten, scharf gewürzten, blähungsfördernden und schwer verdaulichen Speisen verzichten (zum Beispiel auf Rohkost, Kohlgemüse, Hülsenfrüchte und Müsli). Ein mindestens zwei- bis dreistündiger Abstand zwischen dem Ende der Mahlzeit und dem Zubettgehen ist ein guter Wegbereiter für gesunden Schlaf.

Vorsicht ist angesagt bei Alkohol- und Zigarettenkonsum. Nikotin ist eine anregende Substanz, die den Schlaf deutlich beeinträchtigt. Alkoholische Getränke können sowohl beruhigend als auch belebend wirken: Was die einen müde macht, hat bei anderen einen gegenteiligen Effekt. Wegen der Gefahr der Abhängigkeit und Dosissteigerung ist vom täglichen Konsum abzuraten. Menschen, die unter nächtlichen Atemstillständen leiden (→ Apnoen, Seite 68), dürfen abends überhaupt keinen Alkohol trinken.

Da stimulierende Getränke wie Kaffee und Tee häufig das Einschlafen erschweren, sollte man sie ab dem späten Nachmittag und vor allem am Abend meiden. Manchmal kann Kaffee allerdings auch schlaffördernd wirken. Das ist vor allem bei niedrigem Blutdruck der Fall und bei älteren Menschen, die unter Durchblutungsstörungen im Gehirn leiden.

Ebenso wichtig ist es, nach 19 Uhr keine größeren Mengen Flüssigkeit mehr zu trinken. Denn der verstärkte Harndrang löst häufiges nächtliches Aufwachen aus und kann damit zu Durchschlafstörungen führen. Deshalb sollte man bereits am Tag für ausreichende Flüssigkeitszufuhr sorgen – und gut zwei Liter, über den Tag verteilt, trinken. Besonders empfehlenswert sind Mineralwasser, frisch gepresste Fruchtsäfte, Gemüsesäfte oder Apfelsaft – mit Wasser oder Mineralwasser verdünnt –, Kräuter- und Früchtetees, Milch oder Buttermilch. (Da ab der zweiten Lebenshälfte das Durstempfinden nachlässt, ist es ratsam, sich immer wieder an das Trinken zu erinnern und die Getränke gut sichtbar am Arbeitsplatz und in der Wohnung zu plazieren.)

Bewegung – das Mittel der Wahl

Viele Schlafprobleme sind auf mangelnde Bewegung während des Tages zurückzuführen: Wir fahren mit dem Auto zur Arbeit oder zum Einkaufen, benutzen Fahrstühle statt Treppen, sitzen tagsüber am Schreibtisch und abends vor Computer und Fernseher. Doch für dieses Leben sind wir nicht geschaffen. Wenn wir unsere Beine nicht zum Laufen, die Hände nicht zum Zupacken oder die Arme nicht zum Heben einsetzen, verkümmert unsere Muskulatur. Und wenn wir unseren Kreislauf nicht immer wieder in Schwung bringen, geraten wir bald bei der geringsten Anstrengung außer Atem. Am Abend sind wir zwar erschöpft, doch die für den Schlaf erforderliche „Bettschwere" stellt sich oftmals nicht ein.

Wenn wir Sport treiben und uns viel bewegen, bleiben wir nicht nur fit, beweglich und gelenkig, sondern stärken auch unser Herz-Kreislauf- und unser Immunsystem. Und wir schaffen eine wichtige Voraussetzung für erholsamen Schlaf, denn maßvolle körperliche Verausgabung macht müde. Am besten wählt man eine Sportart, die einem wirklich liegt und Freude macht. Lust ist hier wichtiger als Leistung. Außerdem sollte das Training nicht mit zu hohem Aufwand verbunden sein. Wer jedes Mal eine halbe Stunde braucht, um in den Tennisclub oder ins nächste Fitness-Studio zu kommen und dort vielleicht ebenso lange nach einem Parkplatz suchen muss, wird seinen sportlichen Elan wahrscheinlich bald verlieren. Dann ist vermutlich der Sportverein um die Ecke, ein guter Hometrainer oder das abendliche Jogging die bessere Alternative .

Nach einer neuen deutsch-amerikanischen Studie, die an der Universität Regensburg vorgestellt wurde, wirkt sich Sport am Abend – entgegen früheren Auffassungen – nicht störend auf den Schlaf aus. Im Gegenteil. Maßvolle sportliche Aktivitäten, die mindestens eine Stunde vor dem Zubettgehen beendet sind, eignen sich hervorragend zum Stressabbau (→ Seite 100) und zur Entspannung, die wiederum die Schlafbereitschaft erhöht. Das gilt sowohl für Ausdauersportarten wie Joggen, Schwimmen und Radfahren, als auch für Ganzkörpergymnastik und Krafttraining. Am sinnvollsten ist es jedoch, selbst auszuprobieren, welcher Zeitpunkt für die sportliche Betätigung am günstigsten ist.

Auch beim Sport ist weniger oft mehr. Wer sich zwei- bis viermal pro Woche für jeweils 30 bis 45 Minuten sportlich betätigt, kann seine Schlafqualität nachhaltig verbessern.

Wer sportlichen Aktivitäten absolut nichts abgewinnen kann, hat dennoch zahlreiche alltägliche Gelegenheiten, bei denen man, wenn man seine bisherigen Gewohnheiten überdenkt, in Bewegung kommen kann (und sei es nur die Entscheidung: Treppe statt Aufzug).

Man kann nur leben,
indem man oft genug nicht macht,
was man sich vornimmt.
Elias Canetti

Stressbewältigung – eine permanente Herausforderung

Niemals zuvor in der Geschichte waren Geschwindigkeit, Konkurrenz-, Zeit- und Perfektionsdruck, Lärm, Reiz- und Informationsüberflutung so hoch wie heute. Kein Wunder, dass viele Menschen ständig unter Strom stehen und auch abends nicht zur Ruhe kommen. Doch nach wissenschaftlicher Definition ist Stress nicht identisch mit äußeren Belastungsfaktoren, sondern vielmehr eine spezifische Reaktion auf diese Belastungen (→ Seite 56). Deshalb ist es von entscheidender Bedeutung, wie wir mit inneren und äußeren Anforderungen, den Stressoren, umgehen. Wir können uns von ihnen beherrschen (und damit um unseren Schlaf bringen) lassen oder aber mit ihnen umgehen lernen und ihnen entgegenwirken.

Im Wesentlichen geht es darum, (individuelle) Stressoren zu erkennen, unnötige Belastungen zu vermeiden und solche, die sich nicht verhindern lassen, möglichst gut und mit geringem energetischen Aufwand zu bewältigen.

Menschen, die sich immer wieder gestresst fühlen, sollten zunächst versuchen, herauszufinden, wodurch die Belastung ausgelöst wird – zum Beispiel durch Ärger, Streit, mangelnde Stimmung am Arbeitsplatz oder in der Familie, durch schlechte Planung, Termindruck, Hetze. Danach gilt es, die persönliche Reaktion auf solche inneren und äußeren Anforderungen zu überprüfen. Wer bereits die Erfahrung gemacht hat, dass bestimmte Verhaltensweisen helfen, die Anspannung zu verringern, sollte diese immer wieder bewusst einüben – so lange, bis sie selbstverständlich geworden sind.

Nur wenn wir unsere eigenen Stressauslöser genau kennen, können wir lernen, gezielt mit ihnen umzugehen. Häufig liegt die Ursache für Stress in uns selbst, etwa in ausgeprägtem Perfektionismus, hohen Ansprüchen an uns selbst und an andere, in überzogenen Befürchtungen oder in der Angst, etwas (vermeintlich) Wichtiges zu verpassen, wenn wir zum Beispiel unseren Medienkonsum einschränken. Viele Faktoren, die uns die Nerven und den Schlaf rauben, sind vermeidbar. Wir können zum Beispiel

- Telefon und Handy abstellen, wenn wir nicht gestört werden wollen,
- lernen, wichtige von unwichtigen Informationen zu unterscheiden,
- weniger Zeit vor Fernseher und am PC verbringen,

- unfruchtbare Diskussionen abbrechen,
- uns von Menschen abgrenzen, die unzumutbare Erwartungen an uns haben,
- unsere Termine großzügiger planen,
- unseren Arbeitstag besser strukturieren,
- vom Auto auf ein öffentliches Verkehrsmittel umsteigen, wenn uns Verkehr und Staus immer wieder aus der Fassung bringen.

All das lässt sich sicher nicht von heute auf morgen realisieren und ist manchmal auf den ersten Blick auch mit Nachteilen verbunden, zum Beispiel wenn die Fahrt zur Arbeit mit öffentlichen Verkehrsmitteln schwieriger und unbequemer scheint als mit dem Auto. Es schont auf Dauer aber die Nerven, fördert die innere Ruhe und damit auch den Schlaf.

Ein besserer Umgang mit Alltagsstress

- Versuchen Sie, Ihre Aufmerksamkeit in allen Lebensbereichen auf das Wesentliche zu konzentrieren. Halten Sie sich nicht unnötig mit unwichtigen, nebensächlichen Dingen auf, sondern nutzen Sie die gewonnenen Freiräume zur Muße und Entspannung (→ Seite 102 f.).
- Dämmen Sie die Informationsflut am Arbeitsplatz und im Privatleben gezielt ein.
- Erledigen Sie wichtige Dinge möglichst umgehend und zügig, statt sie immer wieder vor sich herzuschieben. Wissenschaftliche Studien aus den USA zeigen, dass ständig verdrängte Pflichten ins Unbewusste verschoben werden und von dort aus Missstimmungen auslösen, deren Ursache den betroffenen Menschen meist nicht klar ist.
- Teilen Sie Ihre Arbeit in einzelne Abschnitte ein, die Sie Zug um Zug erledigen, statt immer wieder den gesamten „Berg" zu betrachten, der noch vor Ihnen liegt.
- Legen Sie eine Pause ein, wenn Sie sich nicht mehr richtig konzentrieren können. Nutzen Sie die Zeit für eine (Zwischen-)Mahlzeit, für Entspannungsübungen oder, wenn möglich, für einen kurzen Spaziergang.
- Überlegen Sie, welche beruflichen und privaten Aufgaben Sie selbst erledigen müssen und welche Sie an andere delegieren können. Setzen Sie Ihre Erkenntnis konsequent in die Tat um und werden Sie vor allem auch nicht rückfällig,
- Prüfen Sie, ob ein (gutes) Coaching oder Gespräche mit kompetenten Kolleginnen und Kollegen Ihnen helfen können, Probleme am Arbeitsplatz besser zu bewältigen. Hilfreich sind spezielle Teams, die sich regelmäßig treffen und ihre Erfahrungen untereinander austauschen (Intervisionsgruppen) oder von Psychologen beziehungsweise Pädagogen geleitet werden (Supervisionsgruppen).
- Scheuen Sie sich auch im privaten Bereich nicht, fachliche Hilfe in Anspruch zu nehmen, wenn Sie Probleme oder Lebenskrisen nicht allein und auch nicht mit Unterstützung nahe stehender Menschen bewältigen können.
- Gönnen Sie sich regelmäßige Auszeiten, in denen Sie nur das tun, wonach Ihnen wirklich zu Mute ist.

Manche Menschen sind mit einer Grundbefindlichkeit ausgestattet, die es ihnen besonders schwer macht, dem Leben nicht nur mit Skepsis und Misstrauen zu begegnen. So neigen zum Beispiel viele dazu, ihre Wahrnehmung immer wieder auf die negativen oder schwierigen Aspekte des Lebens zu reduzieren. (Ein klassisches Beispiel sind Urlaubsberichte von Partnern: Während der eine in Erinnerungen an Sonne und Erholung schwelgt, klagt der andere noch wochenlang über die ungewohnte Küche, ein paar Regentage oder die Reifenpanne auf der Rückfahrt.) Wieder andere steigern sich so sehr in düstere Zukunftsvisionen hinein, bis die berüchtigte, sich selbst erfüllende Prophezeiung tatsächlich eintritt. All das erhöht die innere Anspannung und verhindert am Abend das wohlige Hinübergleiten in den Schlaf. Durch regelmäßiges Üben können aber selbst die größten Pessimisten lernen, ihren Blick stärker auf die angenehmen und erfreulichen Seiten des Lebens zu lenken statt auf (reale oder scheinbare) Probleme.

Andererseits gibt es Belastungen, die sich beim besten Willen nicht verhindern lassen. Es liegt nur zum Teil in unserer Macht, ob wir gesund bleiben, ob wir unseren Arbeitsplatz behalten oder gemeinsam mit der Lebensgefährtin oder dem Lebensgefährten alt werden. Wenn wir mit schwierigen Lebenssituationen konfrontiert sind, die wir nicht (mehr) ändern können, kann es hilfreich sein, unsere Grundeinstellung zu überdenken, und zu versuchen, sie zu ändern. Außerdem können wir mit verschiedenen Entspannungstechniken (→ Seite 103) Pufferzonen zwischen uns und den Stressoren errichten. Dieser Abstand ermöglicht es uns, die Situation in Ruhe zu bewerten und Strategien zur Problemlösung zu entwickeln.

Wenn es nicht gelingt, Dauerstress aus eigener Kraft zu meistern, kann ein Stressbewältigungstraining hilfreich sein. Viele Krankenkassen, Volkshochschulen und Gesundheitszentren bieten solche Kurse an, in denen ein gelassenerer Umgang mit Stressoren erlernt wird. Zeigt das nicht den gewünschten Erfolg, empfiehlt sich eine individuelle Verhaltenstherapie in einer auf Stressbehandlung spezialisierten psychologischen Praxis.

Zeit zum Verschnaufen

Entspannung sollte nicht erst am Abend beginnen. Denn wer tagsüber ständig unter Spannung steht, hat meistens Mühe, abends auf Ruhe umzuschalten – mit einem Knopfdruck ist es eben nicht getan.

Es gibt viele alltägliche Möglichkeiten zum vorübergehenden Innehalten und Abschalten – wir müssen sie nur wahrnehmen und bewusst erleben. Wir können, wenn wir zum Beispiel bei Rot an der Ampel oder im Verkehrsstau stehen, uns aufregen, schimpfen, nervös auf das Lenkrad trommeln und Aggressionen gegen all jene entwickeln, die anscheinend das zügige Vorankommen behindern. Wir können aber auch ruhig durchatmen, aus dem Fenster schauen und so den erzwungenen Stillstand für eine kurze Erholungspause nutzen. Auch während der Fahrt in öffentlichen Verkehrsmitteln gibt es reichlich Gelegenheit, die Gedanken schweifen zu lassen. Das Gleiche gilt für monotone Beschäftigungen aller Art: Fotokopieren, Bügeln, Staubsaugen, Geschirrspülen und Fensterputzen.

Ich weiß doch nicht, wenn eine Pause beginnt, ob die einige Sekunden oder ob die einige Stunden dauert, denn es gibt doch Pausen in allen Größen.

Karl Valentin

Zeitforscher empfehlen, Wartezeiten grundsätzlich als Ruhe- und Entspannungsphasen zu nutzen – egal ob im Wartezimmer beim Arzt, bei Behörden, auf Bahn- oder Flughäfen. Die hohe Kunst der Entspannung beherrscht, wer es schafft, im Supermarkt, am Bahn- oder Postschalter ab und zu bewusst die längste Schlange vor den Kassen zu wählen. Das erspart nicht nur den Ärger darüber, dass es in der anderen Reihe (wie so oft) schneller geht, sondern schafft ein kleines Zeitpolster zum Durchatmen und Abschalten.

Innere Ruhe durch Entspannung

Wer Mühe hat, in den kleinen Nischen, die der Alltag bietet, Stress und Hektik hinter sich zu lassen, dem kann ein Entspannungstraining zu mehr innerer Ruhe verhelfen. Alle Entspannungsverfahren zielen darauf ab, das Erregungsniveau zu senken, Verspannungen zu lösen und mehr Gelassenheit zu entwickeln. Die verschiedenen Methoden lassen sich im Wesentlichen in zwei große Gruppen unterteilen: in autosuggestive und in körperorientierte Verfahren.

Zu den Erstgenannten zählen vor allem autogenes Training, Atemübungen und Meditation. Dabei sollen Körper und Nervensystem durch eine konzentrative Selbstentspannung beeinflusst werden. Man tut (fast) nichts, versucht, ruhig und gleichmäßig zu atmen, oder versenkt sich in Gedanken und Gefühle, die als beruhigend und wohltuend erlebt werden. Das autogene Training ist wissenschaftlich gut erforscht und kann bei regelmäßiger Übung und Anwendung zur Erholung von Körper und Seele führen. Mithilfe von Meditation kann man lernen, die gesamte Aufmerksamkeit auf einen bestimmten Punkt zu richten. Die Umwelt gerät völlig in Vergessenheit und es kommt zu einer tiefen inneren Entspannung.

Zu den wichtigsten körperorientierten Verfahren gehören die Progressive Muskelentspannung nach Jacobson, bestimmte Yogaformen, Tai Chi und Qigong. Bei den letzten drei Methoden wird Entspannung durch Bewegung erzielt. Bei der Progressiven Muskelentspannung geht man davon aus, dass alle Formen von

Nervosität und Anspannung mit einer Muskelverkrampfung einhergehen. Deshalb sind die Übungen so aufgebaut, dass die einzelnen Muskeln erst angespannt und danach entspannt werden. Auf diese Weise stellt sich zunächst eine körperliche und in der Folge auch eine seelische Entspannung ein. Auch Yoga kann durch verschiedene Körperübungen zu innerer Harmonie und Gelassenheit führen. Das Schattenboxen Tai Chi, das vor allem in China weit verbreitet ist, wird aus der aufrechten Körperhaltung heraus betrieben und fördert durch langsame, kreisförmige Bewegungen die Konzentration sowie das innere und äußere Gleichgewicht. Qigong stammt ebenfalls aus der traditionellen chinesischen Medizin. Es handelt sich um eine Meditations-, Bewegungs- und Atemtechnik, die sich regulierend auf das Nervensystem und auf einzelne Organe auswirken kann. Auch die von dem Physiker Moshé Feldenkrais entwickelte gleichnamige Bewegungsmethode soll Verspannungen und Blockierungen lösen und damit zur Entspannung beitragen.

Entspannungsmethoden sollten immer unter fachlicher Anleitung erlernt werden. Danach ist regelmäßiges Üben (tagsüber und am Abend) erforderlich, bevor sich eine positive Wirkung einstellt. Wer eine bestimmte Entspannungstechnik ausprobieren möchte, kann sich an eine ärztliche Praxis wenden (manche Praxen bieten selbst ein Training an), an Krankenkassen, Sportvereine, Gesundheitszentren oder Volkshochschulen, die relativ preisgünstige Kurse im Programm haben. Private Anbieter, wie zum Beispiel Yogaschulen, stehen auf den Gelben Seiten der Telefonbücher, allerdings sollte man die Qualität sorgfältig prüfen. Durch Probestunden und Schnupperkurse kann man herausfinden, welches Entspannungsverfahren einem wirklich liegt und hilft, den richtigen Abstand zum Alltag zu gewinnen.

Schlafhygiene – die richtige Vorbereitung auf die Nacht

Der Wechsel von Alltagsaktivitäten zur abendlichen Ruhe ist ein empfindlicher Prozess. Wir können nicht abrupt vom Wachsein in den Schlaf hinüber gleiten. Wer eben noch vor dem Fernseher saß und sich vielleicht einen spannenden Krimi oder eine kontroverse Diskussion ansah, wird in aller Regel nicht kurz darauf problemlos einschlafen. Zwar können wir dank des elektrischen Lichts bis weit in die Nacht alle möglichen Tätigkeiten verrichten, doch so prompt, wie sich der Lichtschalter ausknipsen lässt, stellt sich der Schlaf nur selten ein. Zwischen Aktivität und Schlaf brauchen wir eine Übergangsphase, in der Stress, Hektik, Ärger, Anforderungen und Probleme langsam in den Hintergrund treten. Sie sollte mindestens eine halbe, besser aber eine Stunde betragen.

Einschlafen aber ist ein Sich-fallen-lassen, Sich-preisgeben an den über einen kommenden Schlaf. Wir „fallen" im wörtlichen Sinn in den Schlaf. Der Boden weicht, die Welt schwindet, und der Einschlafende gleitet zurück in die Bewusstlosigkeit. Um sich aber so fallen zu lassen, dazu ist ein Vertrauen notwendig, ein Vertrauen zur Zukunft, ein Vertrauen (...), dass alles gut werden wird. „Nun schlafe getrost", heißt es darum auch in einem der schönsten Gedichte Bergengruens, denn nur der Getroste ist überhaupt des echten Schlafs fähig. Die getrost der Zukunft entgegensehende Hoffnung, so könnten wir zusammenfassen, und zwar nicht die einzelne bestimmte Hoffnung, sondern das allgemein hoffnungsvolle Vertrauen zur Zukunft ist darum die notwendige Voraussetzung des Schlafs.

Aus: „Mensch und Raum" von Otto Friedrich Bollnow

Wie man diese Ruhephase gestaltet, hängt ganz von den individuellen Vorlieben ab. Während sich die einen am besten bei ruhiger Musik entspannen, finden die anderen beim Lesen, bei einem Abendspaziergang, einem wohligen Bad, einem Abend zu zweit oder einem (Telefon-)Gespräch mit Freunden zu innerer Ruhe. Wieder andere schreiben einige Zeilen in ihr Tagebuch und befreien sich auf diese Weise von belastenden Gedanken und Erlebnissen, statt sich im Bett weiter damit zu beschäftigen. Auch Zukunftsängste wiegen vielleicht leichter, wenn man sie sich von der Seele schreibt. Auf welche Weise der Tag ausklingt, spielt keine Rolle. Wichtig ist nur, sich ausreichend Zeit zu nehmen, um sich von Eindrücken und Gedanken zu lösen und sich seelisch auf die Nacht einzustimmen.

Was Menschen mit Schlafproblemen im Bett tun – und was sie lassen sollten

- Gehen Sie erst dann schlafen, wenn Sie wirklich schläfrig sind.
- Wenn Sie an Schlafstörungen leiden, sollten Sie im Bett weder lesen, Radio hören, fernsehen, essen, telefonieren, geschweige denn Akten studieren oder sonstige Arbeiten verrichten. Eine Ausnahme ist das Hören leiser Musik. Denn die Konzentration auf entspannende Klänge verscheucht unangenehme Gedanken und fördert die für den Schlaf so wichtige innere Ruhe. Benutzen Sie eventuell einen Zeitschalter, damit sich Radiogerät, Kassettenrecorder oder CD-Player zu einem bestimmten Zeitpunkt von allein ausschalten und Sie nicht unmittelbar vor dem Einschlafen noch einmal aufstehen müssen.
- Gewöhnen Sie sich ansonsten an, das Bett nur zum Schlafen (und als „Liebesnest") zu nutzen. Betrachten Sie es grundsätzlich als „problemfreie Zone" und rufen Sie sich diese Devise jeden Abend, bevor Sie sich niederlegen, ins Gedächtnis. Das ist sicherlich leichter gesagt als getan, aber regelmäßiges Üben kann auch hier Wunder wirken.

Es sind die allabendlichen Gewohnheiten, die helfen, sich vom Tag zu lösen und auf die Nacht vorzubereiten. Dazu kann ein Glas warme Milch gehören, eine Tasse Tee oder das Zurechtlegen der Kleidung für den nächsten Tag. Wichtig ist darüber hinaus, möglichst jeden Abend (auch am Wochenende) zur gleichen Zeit schlafen zu gehen. Wenn sich der Körper an eine bestimmte Schlafenszeit gewöhnt, entwickelt der Organismus (langsam) einen gesunden Schlaf-Wach-Rhythmus: Man wird dann immer zur selben Zeit müde und findet leichter in den Schlaf als bei häufig wechselnden Schlafzeiten. Wichtig ist, zur „rechten" Zeit zu Bett zu gehen. Denn wer den „toten Punkt" mit Gesprächen, Lesen, Fernsehen oder anderen Aktivitäten übergeht, wird oftmals wieder hellwach und kann danach besonders lange nicht einschlafen.

Natürliche Einschlafhilfen

Es gibt eine Reihe von Maßnahmen, die beruhigend und schlaffördernd wirken. Dazu zählen vor allem:

- Trockenbürsten. Bürsten Sie mit einer Bürste aus Naturfaser oder einem Massageband den ganzen Körper, beginnend mit den Außenseiten der Füße, einige Minuten lang in Längsrichtung zum Herzen hin. Im Anschluss daran sollten Sie mindestens eine Minute lang die Haare bürsten oder mit den Fingerkuppen die Kopfhaut massieren.
- Lauwarmes Duschen und warme Vollbäder. Unmittelbar vor dem Schlafengehen empfiehlt sich eine lauwarme Dusche oder ein 10- bis 15-minütiges Wannenbad von zirka 36 bis 38 Grad Celsius (wärmer sollte es nicht sein). Sie können, wenn Sie sie vertragen, Badezusätze aus Kamille, Lavendel, Baldrian, Melisse, Heublumen oder Lindenblüten hinzufügen. Die beruhigende Wirkung ist aber weniger den ätherischen Ölen dieser Substanzen zuzuschreiben als vielmehr der Entspannung, die sich beim Liegen im warmen Wasser einstellen kann. Bedenken Sie, dass Vollbäder den Organismus auch belasten können. Falls Sie an Herzschwäche, hohem Blutdruck oder an einer Venenerkrankung leiden, sollten Sie mit Ihrem Arzt besprechen, ob sie überhaupt für Sie geeignet sind.
- Ansteigende Fußbäder. Dabei stellen Sie Ihre Füße in eine Schüssel mit Wasser, das ungefähr 34 Grad Celsius warm ist. Nach und nach fügen Sie sehr heißes Wasser hinzu. Nach ungefähr 20 Minuten sollte die Temperatur auf rund 40 Grad angestiegen sein. Mit einem speziellen Wasserthermometer können Sie den allmählichen Temperaturanstieg beobachten.
- Kalte Armbäder. Sie wirken beruhigend auf Herz und Kreislauf und dauern zirka 10 bis 30 Sekunden.
- Saunabesuche. Sie können ebenfalls schlaffördernd sein, doch sollten Sie nicht unmittelbar vor der Schlafenszeit, sondern am besten nachmittags oder am frühen Abend in die Sauna gehen: Saunabäder wirken oft zunächst belebend, können einige Stunden später aber gesteigerte Müdigkeit hervorrufen und damit das Einschlafen erleichtern.
- Schwimmen. Es wirkt ebenfalls entkrampfend und beruhigend. Auch hier gilt wie für andere sportliche Aktivitäten: Sie sollten tagsüber oder am frühen Abend, aber nicht zu spät damit beginnen, damit Ihnen bis zum Schlafengehen mindestens eine Stunde Ruhe bleibt.
- Aromatherapien. Eine Studie hierzu zeigte, dass sich bei Menschen, die unter Stressbelastung litten, die Einschlafzeit unter dem Duft eines Bitterorangen-Öls deutlich verkürzte. Eine Aromatherapie mit fünf weiteren Substanzen, darunter Baldrian- und Lavendelöl, konnte dagegen keine einschlaffördernde Wirkung nachweisen.

Nützlich: Ein Schlafprotokoll

Ein Schlafprotokoll kann wichtige Hinweise auf das Schlafverhalten geben, denn es dokumentiert alles rund um den Schlaf- beziehungsweise die -störung. Egal wie diese Notizen erstellt werden – entscheidend ist, dass man zwei Wochen lang jeden Tag vermerkt, wann man zu Bett geht, ob man lange braucht, um einzuschlafen, wie häufig und wie lange man nachts wachliegt, was man während der Wachphasen tut, wann man morgens erwacht, aufsteht, wie lange man insgesamt geschlafen hat und wie man sich beim Aufstehen fühlt. Anhand dieser Eintragungen lässt sich zunächst überprüfen, ob die (subjektiven) Beschwerden mit den (objektiven) Angaben übereinstimmen.

Viele Menschen, die hin und wieder unter Schlafstörungen leiden, neigen dazu, das Wachliegen in der Nacht zu überschätzen. Wenn sie eine Zeit lang ein Schlafprotokoll führen, stellen sie oft morgens erleichtert fest, dass sie gar nicht so häufig nachts aufwachen, wie sie bislang annahmen. Diese Gewissheit kann bereits sehr entlastend sein und helfen, die Angst vor dem nächsten Abend und dem „Wieder-nicht-schlafen-Können" abzubauen. Und wenn das Schlafprotokoll die Befürchtungen bestätigt, ist die Selbstbeobachtung eine gute Vorbereitung für den dann notwendigen Arztbesuch, denn sie liefert, wichtige Informationen für seine Diagnose und damit für eine möglichst effektive Therapie.

Bevor Sie mit den Eintragungen beginnen, sollten Sie sich noch einmal die folgenden Fakten und Erkenntnisse vor Augen führen:

- Die Einschlafdauer ist auch dann noch normal, wenn sie etwa 30 Minuten beträgt.
- Nächtliches Erwachen ist kein Anlass zur Sorge, wenn es nicht öfter als drei- bis viermal pro Nacht erfolgt und Sie jeweils nicht länger als eine Viertelstunde wachliegen.
- Eine behandlungsbedürftige Störung liegt erst dann vor, wenn die Beschwerden seit vier Wochen und an mindestens drei Tagen in der Woche bestehen.
- Es gibt keine „Norm" für die richtige Schlafdauer. Wie viel Schlaf Sie pro Nacht brauchen, hängt von Ihren individuellen Bedürfnissen und von Ihrem Schlaftyp ab (→ Seite 38 f.). Entscheidend ist, ob Sie sich tagsüber ausgeruht, fit und leistungsfähig fühlen oder müde, erschöpft und antriebslos sind.
- Ein Morgentief ist natürlich. Akzeptieren Sie es! Nur wenige Menschen springen sofort nach dem Aufwachen gut gelaunt und voller Energie aus dem Bett. Planen Sie deshalb eine Phase ein, in der Sie erst einmal richtig wach werden und zu sich kommen können. Gähnen Sie ausgiebig, strecken und räkeln Sie sich, stehen Sie nicht zu schnell auf und bleiben Sie noch einen Moment auf dem Bettrand sitzen. Beginnen Sie den Tag auf keinen Fall mit hektischer Aktivität.

- Ihre Leistungsfähigkeit ist nach ein paar schlechten Nächten nicht wesentlich beeinträchtigt und der Körper kann den Schlafmangel in den kommenden Nächten durch mehr beziehungsweise durch tieferen Schlaf wieder ausgleichen.
- Vergessen Sie nicht, dass auf eine gute Nacht nicht selten eine schlechtere folgt – und umgekehrt. Wenn Sie mehrere Nächte hintereinander schlecht geschlafen haben, sollten Sie auf den Mittagschlaf und auf andere Tagesnickerchen verzichten. Gehen Sie entweder später ins Bett oder stehen Sie früher als gewohnt auf. Dadurch wird der Schlafdruck häufig so groß, dass Sie wieder besser ein- und durchschlafen können.

Ist man beim Aufwachen müde und zerschlagen, lohnt sich immer der Versuch, den Wecker eine halbe Stunde vor- oder nachzustellen, damit man aus einer Leichtschlaf- oder REM-Phase und nicht aus dem Tiefschlaf erwacht (→ Seite 25).

Was tun in der schlaflosen Zeit?

Neue schlafmedizinische Untersuchungen belegen, dass das berühmte „Schäfchenzählen" als Einschlafmittel nicht geeignet ist. Schlafforscher raten stattdessen, sich intensiv positive Bilder und Situationen vorzustellen. Das können angenehme Gedanken und Erinnerungen aller Art sein. Entscheidend ist, dass es Bilder sind, die uns Wohlbefinden und Geborgenheit vermitteln.

Darüber hinaus kann es sehr hilfreich sein, wenn wir ganz bewusst die wohlige Atmosphäre im Bett genießen. Wir sollten möglichst nicht daran denken, dass wir jetzt eigentlich schlafen müssten, sondern versuchen, die Ruhe, die uns umgibt, als solche wahrzunehmen: die Tatsache, dass niemand uns stört, niemand etwas von uns will, dass wir jetzt nicht aufstehen und irgendetwas leisten müssen. Wenn wir bewusst zu allen Ängsten

Tipps für längere Wachphasen

- Wenn Sie zu nervös und angespannt sind und es Ihnen trotz mehrfacher Versuche nicht gelingt, sich zu entspannen, ist es besser, Sie stehen wieder auf, statt sich stundenlang unruhig hin- und herzuwälzen.
- Trinken Sie eventuell ein Glas warme Milch oder einen Kräutertee, machen Sie es sich mit einer Decke in einem Sessel oder auf dem Sofa bequem und widmen Sie sich zum Beispiel Ihrer Lieblingslektüre, einer Handarbeit oder hören Sie eine Zeit lang Musik (Fernsehen, Spielen oder Arbeiten am PC sollten tabu sein, sie sind keine geeigneten Schlafförderer, sondern eher Schlafräuber).
- Werden Sie im Bett immer wieder von trüben und belastenden Gedanken eingeholt, kann ein Tagebuch Abhilfe schaffen. Schreiben Sie sich darin Ihre Ängste von der Seele oder versuchen Sie, einzelne Lösungsstrategien für die Probleme zu entwickeln, die Ihnen immer wieder durch den Kopf gehen. Denn das Grübeln im Dunkeln ist nicht nur ineffektiv, sondern verstärkt die Anspannung und verhindert den Schlaf.
- Gehen Sie erst dann wieder zu Bett, wenn Sie schläfrig geworden sind.

und Befürchtungen „nein" sagen, die sich nachts besonders leicht aufdrängen, und unsere Gedanken immer wieder auf angenehme Inhalte lenken, erleichtert das nicht nur das (Wieder-) Einschlafen, sondern dient auch der Erholung und Entspannung während der Wachphasen.

Gelegentliche Schlaflosigkeit kann auch ihr Gutes haben, denn sie bietet Gelegenheit, über sich und sein Leben nachzudenken. Manches, was in der Hektik des Alltags untergeht, verschafft sich in der Stille der Nacht Gehör und erzwingt so die notwendige Auseinandersetzung damit. Nicht selten kommt es zu besonders guten Einfällen, kreativen Ideen, wichtigen Erkenntnissen und Entscheidungen, wenn der Lärm der Welt verstummt ist. In jedem Fall wiegt eine sinnvoll wach verbrachte Nacht den Erholungswert einiger Stunden Schlaf durchaus auf.

In unserem raschen, betäubenden Leben gibt es erschreckend wenig Stunden, in denen die Seele ihrer bewusst werden kann, in denen das Leben der Sinne und das des Geistes zurücktritt und die Seele unverhüllt dem Spiegel der Erinnerung und des Gewissens gegenübersteht (...) Hier liegt der Wert solcher wachen Nächte. In diesen allein vermag die Seele ohne gewaltsame äußere Erschütterungen zu ihrem Recht zukommen, es sei zum Erstaunen oder zum Erschrecken, zum Richten oder zum Trauern. Das Gemütsleben, das wir tagsüber führen, ist nie so rein; die Sinne leben heftig mit, der Verstand drängt sich vor, indem er den Regungen des Gefühls die Stimme des Urteils, den feinen Reiz des Vergleichens und den feinen, zersetzenden des Witzes beimischt. Die Seele, halb schlummernd, lässt es geschehen und lebt in dieser Abhängigkeit und Unterdrückung Tage und Monate lang ein halbes Leben hin, bis ihre Stunde da ist, bis sie in einer bangen, schlaflosen Nacht die Fessel abstreift und uns mit der ganzen ungebrochenen Fülle ihres eigenwilligen Lebens überrascht oder entsetzt.

Aus: „Schlaflose Nächte" von Hermann Hesse,
in: „Die Kunst des Müßiggangs"

Die Schlaf„schule"

Eine gute Möglichkeit, schlechte Schlafgewohnheiten abzulegen und neue, schlaffördernde Verhaltensweisen zu erlernen, bietet der Besuch einer Schlaf„schule". Dabei handelt es sich um Wochenend- oder Wochenkurse, in denen wichtige Informationen rund um das Thema Schlaf vermittelt werden. Das geschieht anhand von Vorträgen und Diskussionen, vor allem aber in Gruppen- und Einzelgesprächen mit Schlafexperten. Die Teilnehmer werden zunächst auf ihre individuellen Fehler im Umgang mit dem Schlaf aufmerksam gemacht. Danach lernen sie, wie sich dieses Fehlverhalten durch gezielte schlafhygienische Maßnahmen überwinden lässt, wie sie ihren eigenen biologischen Rhythmus erkennen und (wieder) zu erholsamem Schlaf finden können.

Der Besuch von Schlafschulen ist nur dann empfehlenswert, wenn sie von erfahrenen Schlafexperten geleitet werden. Das Konzept dafür wurde vom schlafmedizinischen Zentrum des Bezirksklinikums der Universität Regensburg entwickelt, das selbst Veranstaltungen durchführt. Inzwischen erstatten einige Krankenkassen ihren Mitgliedern einen Teil der Kosten. Nähere Informationen erteilt die Deutsche Akademie für Gesundheit und Schlaf (→ Seite 170). (Im Internet findet man Hinweise unter **www.schlaf-medizin.de**). Derzeit gibt es in Österreich noch keine vergleichbaren Einrichtungen.

Empfehlungen für Schichtarbeiter

Alle schlaffördernden Maßnahmen, die bisher (→ Seiten 96 bis 109) erläutert wurden, gelten auch für Schichtarbeiter. Da sie jedoch eine der wichtigsten Empfehlungen, nämlich regelmäßige Schlafzeiten, nicht einhalten können, ist es für sie umso wichtiger, zusätzliche schlafmedizinische Grundsätze zu beachten.

Der Schlaf am Tag ist flacher, störanfälliger und dadurch weniger erholsam als Nachtschlaf. Deshalb müssen alle Vorkehrungen getroffen werden, die „Tagschläfern" zu einem möglichst ungestörten Schlaf verhelfen können. Das setzt zunächst eine ruhige und Rücksicht nehmende Umgebung voraus. Das Schlafzimmer

Wie sich der Jetlag mildern lässt

Einer Faustregel zufolge soll beim Überfliegen schneller Zeitzonen die Anpassungszeit an die neue Ortszeit so viele Tage wie die Stunden der Zeitverschiebung betragen. Bei einer Zeitverschiebung von vier Stunden zwischen Abflug- und Zielort dauert es in der Regel vier Tage, um den Biorhythmus den neuen Gegebenheiten anzupassen. Die körperlichen Symptome, die dabei häufig auftreten (→ Seite 19), lassen sich durch bestimmte Maßnahmen verringern.

Am besten ist es, wenn Sie schon einige Tage vor dem Abflug versuchen, sich biologisch auf die Ortszeit am Zielort anzupassen. Fliegen Sie zum Beispiel nach Westen (in die USA), sodass der Tag länger wird, empfiehlt es sich, abends (jeweils eine Stunde pro Tag) später als üblich zu essen, schlafen zu gehen und später aufzustehen. Da bei einem Flug nach Osten (nach Asien und Australien) der Tag kürzer wird, sollten Sie Ihre entsprechenden Aktivitäten dagegen (ebenfalls eine Stunde pro Tag) vorverlegen.

Während des Fluges sollten Sie viel trinken (jedoch keinen Alkohol, sondern Mineralwasser), wenig essen, zwischendurch nach Möglichkeit (eventuell mit Ohrstöpsel und Augenbinde) schlafen und sich ansonsten viel bewegen, im Sitzen die Schuhe ausziehen und häufig Dehnübungen machen. Das alles verringert die Jetlag-Symptome.

Nach der Ankunft am Zielort ist es wichtig, dass Sie Ihre Aktivitäten (zum Beispiel Arbeitstermine, Mahl- und Schlafzeiten) sofort der neuen Ortszeit und dem anderen Lebensrhythmus anpassen. Besonders empfehlenswert ist der häufige Aufenthalt im Sonnenlicht beziehungsweise im Freien, weil dann das Tageslicht als natürlicher Zeitgeber wirken kann.

Bleiben Sie nur wenige Tage am Zielort, ist es besser, auf die Umstellung zu verzichten, um sich die erneute Prozedur nach der Rückkehr zu ersparen. Nach Möglichkeit sollten Sie dann wichtige Termine in den USA auf den (frühen) Morgen, in Asien und Australien dagegen auf den späten Nachmittag oder Abend legen.

Wenn Sie sehr unter dem Jetlag-Syndrom leiden, können Sie für wenige Nächte ein kurz wirksames Schlafmittel (→ Seite 128) einnehmen (zu Melatonin → Seite 133).

sollte nicht zu warm und so dunkel wie möglich sein. Hilfreich sind dicke, abdichtende Vorhänge oder Augenbinden. Schallisolierte Fenster und Türen, Ohropax sowie leise gestellte (Telefon)Klingeln schützen vor störenden Außengeräuschen.

Darüber hinaus ist es ratsam, die Ernährungsgewohnheiten auf den unregelmäßigen Schlaf-Wach-Rhythmus abzustimmen: Ein leichtes Abendessen vor Beginn der Nachtschicht, gegen Mitternacht eine warme Mahlzeit (zum Beispiel Gemüseeintöpfe, mageres Fleisch, Fisch mit Pellkartoffeln/gekochten Erdäpfeln, Gemüse und Salate) und etwa zwei Stunden vor Arbeitsende wiederum ein leichtes Gericht (zum Beispiel fettarme Milchprodukte, Obst, Kompott und Knäckebrot). Auf diese Weise wird der Schlaf am Morgen nicht durch einen zu vollen Magen gestört. Spätestens ab der zweiten Nachthälfte sollte auf Kaffee und schwarzen Tee verzichtet werden, um Einschlafstörungen nach Schichtende zu verhindern. Ebenso sollte Alkohol auch nach Schichtende tabu sein.

Medikamente als überbrückende Hilfe

Wenn der Schlaf gelegentlich aufgrund bestimmter Situationen beeinträchtigt ist (zum Beispiel auf Reisen oder in einer akuten Belastungssituation), kann als vorübergehende Lösung ein frei verkäufliches Schlafmittel eingenommen werden. Hält die Störung jedoch längerfristig an, ist fachliche Hilfe erforderlich (→ Seite 123).

Arzneimittel auf pflanzlicher Basis

Viele Menschen stehen der Schulmedizin kritisch gegenüber und ziehen „natürliche" Mittel vor. Umfragen zufolge haben sich neun von zehn Menschen schon einmal mit Naturheilkunde beschäftigt. Die große Mehrheit der Befragten erwartet davon weniger Risiken als von Verfahren der Schulmedizin. Doch „natürlich" ist nicht gleichbedeutend mit ungefährlich. Auch bei pflanzlichen Arzneimitteln ist Vorsicht angesagt, denn sie können ebenfalls unerwünschte Wirkungen und Risiken haben und schwere Gesundheitsschäden hervorrufen (→ Kasten, Seite 113). Grundsätzlich wirken pflanzliche Präparate meist nicht so prompt und stark wie chemisch synthetisierte Mittel, sondern häufig erst nach mehrwöchigem Gebrauch.

Die Anwendung pflanzlicher Schlaf- und Beruhigungsmittel ist dann sinnvoll, wenn sie als wirksam empfunden wird.

■ Baldrian

Baldrian ist ein Mittel, das traditionell bei Angst, Unruhe und nervös bedingten Schlafstörungen verwendet wird. Seine therapeutische Wirksamkeit ist zwar noch nicht ausreichend belegt; aus einzelnen wissenschaftlichen Untersuchungen geht jedoch hervor, dass Baldrian einen milden schlafanstoßenden Effekt haben kann, wenn der Pflanzenextrakt hoch genug dosiert ist. Nach heutigem Wissensstand ist Baldrian von allen pflanzlichen Schlaf- und Beruhigungsmitteln, die ohne ärztliche Kontrolle angewendet werden können, am ehesten zu empfehlen. Eine schlaffördernde Wirkung stellt sich in der Regel erst nach zwei- bis vierwöchiger Einnahme ein. Baldrian kann man über längere Zeit anwenden, da es die Schlafstruktur nicht beeinträchtigt und keine Gewöhnung und Abhängigkeit verursacht.

Empfehlenswert sind Präparate, die Valeriana officinalis enthalten, das heißt den in Europa angebauten („offiziellen") Baldrian, da – im Gegensatz zum indischen und mexikanischen Baldrian – seine Wirkungen und Inhaltsstoffe gut bekannt sind. Nebenwirkungen kommen kaum vor. Nur in seltenen Fällen wurden nach der Einnahme Kopfschmerzen oder Magen-Darm-beschwerden beobachtet.

Die Wirkung von Tee ist bei Baldrian nicht gesichert. Bei sämtlichen Fertigprodukten sind Mittel, die nur aus Baldrian bestehen, Kombinationspräparaten mit verschiedenen Inhaltsstoffen vorzuziehen. Bislang liegen keine wissenschaftlichen Studien vor, die eine therapeutische Wirksamkeit von Pflanzenmischungen belegen, die über die Wirkung von Baldrian allein hinausgeht.

Zur Schlafeinleitung sollten 30 bis 60 Minuten vor dem Zubettgehen je nach Produkt zwischen vier und sechs Tabletten, Dragees oder Perlen eingenommen werden, von einer Tinktur einen Teelöffel. Die Menge sollte in etwa 600 Milligramm Trockenextrakt oder zwei bis drei Gramm getrockneter Baldrianwurzel entsprechen.

Gegenanzeigen bestehen bei bekannter Allergie, während der Schwangerschaft und bei Leberschäden. Menschen mit Alkoholproblemen dürfen keine Baldriantinktur einnehmen, weil sie Alkohol enthält. Auch Leberkranke und Menschen mit Anfallleiden sollten den Alkoholgehalt berücksichtigen.

■ Hopfen

Hopfen ist eine Schlingpflanze, die in Mitteleuropa seit dem achten Jahrhundert angebaut und bei der Zubereitung von Bier verwendet wird. Seine beruhigende Wirkung soll ganz zufällig entdeckt worden sein: Angeblich wurden Hopfenpflückerinnen müde, wenn ihre Hände, an denen sich Hopfenharz befand, mit dem Mund in Berührung kamen. Heute weiß man, dass dafür wahrscheinlich die chemische Substanz Lupulon ausschlaggebend war, die in frisch gepflücktem Hopfen enthalten ist. Diese Bestandteile zersetzen sich jedoch ziemlich rasch, wenn der Hopfen getrocknet oder daraus ein Extrakt zur Arzneimittelherstellung gewonnen und verarbeitet wird.

Die therapeutische Wirksamkeit von Hopfen allein ist nicht ausreichend belegt. Aus einer Studie geht zwar hervor, dass sich die Schlafqualität nach der Einnahme eines Kombinationsmittels,

Das „Aus" für Kava-Kava-Produkte

In Juni 2002 hat das Bundesinstitut für Arzneimittel und Medizinprodukte (BfArM) die Zulassung von Kava-Kava-haltigen Medikamenten mit sofortiger Wirkung aufgehoben. Jahrelang war der Inhaltsstoff des südpazifischen Strauchgewächses wegen seiner beruhigenden, angstlösenden Wirkungen auch bei Schlafstörungen verordnet worden. Doch dann stellte sich heraus, dass Kava-Kava eine leberschädigende Wirkung hat. Dem BfArM lagen über 40 Berichte aus Deutschland vor, in denen es in der Verbindung mit der Einnahme von Kava-Kava zu schwerwiegenden Leberschäden gekommen war. Die lebertoxischen Effekte traten vor allem drei bis vier Monate nach Einnahmebeginn auf und sind offenbar dosisabhängig. Nach dem Absetzen des Medikaments ist nicht mehr mit Leberschäden zu rechnen. Da Angst- und Unruhezustände mit anderen Arzneimitteln und Maßnahmen behandelt werden können, bei denen das Verhältnis von Nutzen zu Risiko wesentlich günstiger ist, dürfen Kava-Kava Produkte in Deutschland nicht mehr auf den Markt gebracht werden. Die Rücknahme des Mittels gilt auch für Österreich.

das Hopfen und Baldrian enthielt, verbesserte. Dieser Effekt beruht jedoch aller Wahrscheinlichkeit nach allein auf dem Baldrian- und nicht auf dem Hopfenanteil. Unerwünschte Wirkungen von Hopfen sind bislang nicht bekannt.

■ Passionsblumenkraut

Passionsblumenkraut sind die getrockneten Triebe einer tropischen Schlingpflanze aus der Familie der Passionsblumengewächse. Sie kommt im südlichen Teil von Nordamerika, auf den Antillen, den Bermudas und in Mexiko vor und soll bereits von den Azteken als beruhigende Substanz benutzt worden sein.

Dem getrockneten Produkt aus Passiflora incarnata wird eine Anwendung bei nervösen Unruhezuständen zuerkannt.

■ Melissenblätter

Melissenblätter enthalten ätherische Öle und Flavonoide.

Extrakten aus Melissenblättern wird in der Volksmedizin eine beruhigende, verdauungsfördernde und krampflösende Wirkung zugeschrieben. Durch klinische Studien ist eine therapeutische Wirksamkeit allerdings nicht ausreichend belegt. Da bislang jedoch keine unerwünschten Wirkungen beschrieben wurden, spricht nichts dagegen, Melissentee als Einschlafhilfe auszuprobieren.

■ Johanniskraut

Die bis zu 90 Zentimeter hohe Staudenpflanze erkennt man an den leuchtend gelben Blüten, die sich im Frühsommer (um den Johannistag herum) öffnen. Jahrhunderte lang glaubte man, dass Johanniskraut Unheil und böse Geister vertreiben könne. Deshalb hängte man die getrockneten Sträuße am Vorabend des Johannistages an die Decke. Heute wird Johanniskraut vor allem bei leichten und vorübergehenden depressiven Stimmungen eingesetzt.

Über die Wirksamkeit bei Schlafstörungen gibt es keine wissenschaftlichen Untersuchungen. Im Allgemeinen hat es eine eher aktivierende als eine beruhigende Wirkung. Kürzlich wurde in Studien mit einem speziellen Johanniskrautextrakt (*Jarsin*) bei einem täglichen Konsum von 900 Milligramm eine antidepressive Wirkung bei leichten bis mittelschweren Depressionen nachgewiesen. Depressionen sind häufig auch von Schlafstörungen begleitet, die in den meisten Fällen verschwinden, wenn die Depressionen ausreichend behandelt werden.

Während der Einnahme von Johanniskrautpräparaten darf man sich keiner intensiven UV-Strahlung aussetzen – weder dem natürlichen Licht noch dem eines Solariums. Bei besonderer Empfindlichkeit gegenüber UV-Licht darf das Arzneimittel nicht angewendet werden, bei schweren Depressionen ist es nicht ausreichend wirksam.

Da es über die Risiken einer Behandlung während Schwangerschaft und Stillzeit keine Erkenntnisse gibt, sollten Frauen während dieser Zeit sicherheitshalber kein Johanniskraut einnehmen.

Bestimmte Wechselwirkungen von Johanniskraut mit anderen Medikamenten sind erst seit einigen Jahren bekannt und noch nicht in allen Beipackzetteln aufgeführt: So können Zwischenblutungen auftreten, wenn mit der „Pille" verhütet wird, außerdem kann die Zuverlässigkeit der Verhütung beeinträchtigt werden. In Kombination mit einigen chemischen Antidepressiva kann es zu Übelkeit, Erbrechen, Angst und Ruhelosigkeit kommen. Johanniskraut kann die Wirkung bestimmter Arzneimittel schwächen. Dazu zählen das Herzmittel Digoxin, das Asthmamittel Theophyllin, Phenprocoumon (zum Beispiel *Marcumar*) und Warfarin (*Coumadin*) zur „Blutverdünnung" und Ciclosporin A, das die Abstoßungsreaktion nach einer Organtransplantation verhindern soll. Auch die Substanzen Amitriptylin und Nortriptylin (bei Depressionen) sowie Indinavir, ein Mittel bei HIV-Infektionen und Aids wirken bei gleichzeitiger Einnahme von Johanniskraut schwächer. Die Behandlung der genannten Krankheiten kann deshalb beeinträchtigt werden.

Antihistaminika als Schlafmittel

Antihistaminika dämpfen die Beschwerden einer Allergie und werden deshalb bei vielen allergischen Reaktionen eingesetzt. Manche Antihistaminika lösen – oft als unerwünschte Wirkung – Müdigkeit und Schläfrigkeit aus. Dieser Effekt kann bei Schlafstörungen als Hauptwirkung genutzt werden. Einige Schlafmittel in der Selbstmedikation enthalten daher die Substanzen Doxylamin beziehungsweise Diphenhydramin.

Kombinationspräparate, die aus Antihistaminika und pflanzlichen Beruhigungsmitteln bestehen, sind wenig geeignet, da nicht ersichtlich ist, welchen zusätzlichen Nutzen die Pflanzen dem chemischen Schlafmittel hinzufügen. Außerdem sollten Therapieverfahren nicht vermischt werden.

- **Doxylamin**

Die schlaffördernde Wirkung von Doxylamin ist nachgewiesen. Sie erfolgt relativ rasch und dauert einige Stunden an. Problematisch ist jedoch, dass das Arzneimittel die Schlafstruktur verändert und bereits nach wenigen Tagen eine Gewöhnung eintreten kann. Danach wirkt die übliche Dosis nicht mehr und müsste erhöht werden. Doxylamin sollte deshalb nicht länger als drei Tage hintereinander eingenommen werden – und zwar in einer Dosierung von 20 bis 50 Milligramm Wirkstoff eine halbe Stunde vor dem Schlafengehen. Bei nächtlichem Aufwachen darf man die Einnahme nicht wiederholen.

Nach ungefähr acht Stunden ist die Hälfte des Wirkstoffs ausgeschieden. Wer kürzere Zeit schläft, kann am nächsten Tag in seinen Aktivitäten beeinträchtigt sein. Grundsätzlich sollten unter der Wirkung von Doxylamin keine Fahrzeuge gelenkt, keine Maschinen bedient und keine Arbeiten ohne sicheren Halt verrichtet werden.

Bei einer Einnahme, die sich über länger als zwei Wochen erstreckt, muss beim Absetzen die Dosis schrittweise verringert werden – und man muss sich darauf einstellen, eine Weile schlechter zu schlafen als vorher.

Doxylamin dürfen Sie nicht anwenden, wenn Sie

- schwanger sind,
- stillen,
- an Asthma leiden,
- Ihre Blase nicht mehr vollständig entleeren können (zum Beispiel bei vergrößerter Prostata),
- einen grünen Star haben (Engwinkelglaukom),
- einen Nierentumor haben,
- an Epilepsie oder an eingeschränkter Gehirnleistung leiden.

Eine vorherige Rücksprache mit dem Arzt ist erforderlich, wenn

- die Funktion Ihrer Leber oder Ihrer Niere erheblich gestört ist,
- Sie schon einmal ein Magen- oder ein Zwölffingerdarm-Geschwür hatten,
- Sie zu hohen Blutdruck haben,
- Ihr Herz bereits geschädigt ist.

Es bestehen folgende Wechselwirkungen:

- Doxylamin soll nicht zusammen mit Antidepressiva angewendet werden, die zu der Gruppe der MAO-Hemmer gehören, weil unter anderem der Blutdruck gefährlich absinken kann.
- Bestimmte unerwünschte Wirkungen von Doxylamin wie zum Beispiel trockener Mund, Schwierigkeiten, die Blase zu entleeren oder Herzenge (Angina pectoris) verstärken sich bei der gleichzeitigen Einnahme von Mitteln, die ebenfalls diese Wirkungen haben. Dazu zählen einige Parkinson-Mittel und manche Medikamente bei Depressionen.

- Arzneimittel, die auf das zentrale Nervensystem wirken (zum Beispiel starke Schmerzmittel, Beruhigungsmittel und Mittel bei Epilepsie) verstärken die Wirkung von Doxylamin. Das Gleiche gilt für Alkohol.

In seltenen Fällen können gefährliche unerwünschte Wirkungen auftreten:

- Schwierigkeiten beim Entleeren der Blase,
- Ohrgeräusche (Tinnitus),
- zähe Schleimabsonderung in den Bronchien, die die Atmung beeinträchtigt,
- krankhafter Anstieg des Augeninnendrucks (Glaukomanfall),
- Krampfanfälle,
- Blutbildveränderungen.

■ Diphenhydramin

Diphenhydramin wirkt ebenfalls schlaffördernd. Allerdings kann es bereits nach einwöchiger Anwendung zu einem Gewöhnungseffekt kommen, sodass die übliche Dosis nicht mehr ausreicht und gesteigert werden müsste. Deshalb sollte auch diese Substanz nicht länger als drei Tage hintereinander eingenommen werden. Dauert die Anwendung länger als zwei Wochen, sollte man das Mittel schrittweise absetzen. Auch hier muss man darauf gefasst sein, dass man dann schlechter schläft als zuvor.

Gegenanzeigen, Wechsel- und unerwünschte Wirkungen ähneln denen von Doxylamin (→ Seite 115).

■ Diphenhydramin + 8-Chlortheophyllin

Der bei diesem Mittel zusätzlich beigefügte Bestandteil 8-Chlortheophyllin hat keine besondere arzneiliche Wirkung. Warum er einem Schlafmittel zugesetzt ist, ist nicht zu verstehen. Im Übrigen gilt das Gleiche wie für Diphenhydramin.

Schlafhilfen für Kinder

Wenn Kinder eine Zeit lang schlecht schlafen, ist das häufig auf eine Erkrankung zurückzuführen. Sobald sie wieder gesund sind, können sie meist wieder problemlos ein- und durchschlafen. Auch schlafgebundene Störungen wie Albträume, Bettnässen und Schlafwandeln (→ Seite 78) sind kein Anlass zu übermäßiger Sorge. Diese Symptome bilden sich fast immer während der ersten Schuljahre wieder zurück. Wenn das Kind keine zusätzlichen Beschwerden hat oder auffällige Verhaltensänderungen zeigt, muss es weder ärztlich noch psychotherapeutisch behandelt werden.

Viele Kinder fürchten sich besonders im Vorschulalter vor der Dunkelheit. Sobald die Eltern das Zimmer verlassen haben, fangen sie an zu weinen, weil sie sich einsam und verlassen fühlen. Hier hilft es meist schon, wenn die Tür des Kinderzimmers nicht ganz geschlossen wird: Der eindringende Lichtschimmer und vertraute Geräusche aus den Nebenzimmern machen deutlich, dass die Eltern anwesend sind. In aller Regel wirkt sich das beruhigend auf die Kleinen aus und erleichtert ihnen das Einschlafen.

Ein strukturierter Tagesablauf

Kinder sollten von klein auf an einen klar strukturierten Tagesablauf gewöhnt werden, damit sich ein stabiler Schlaf-Wach-Rhythmus herausbilden kann. Wichtig ist, dass dabei auch der Mittagschlaf berücksichtigt wird. Denn ein Kind im Vorschulalter, das nachmittags von zwei bis vier Uhr geschlafen hat, ist abends um sieben Uhr noch nicht müde. Deshalb sollte der Mittagschlaf, so lange die Kinder ihn halten möchten, möglichst früh stattfinden. Nur dann kann sich bis zum frühen Abend wieder genügend Schläfrigkeit einstellen. Außerdem brauchen Kinder, ebenso wie Erwachsene, eine gesunde Schlafumgebung. Hier gelten die gleichen Empfehlungen wie für Erwachsene (→ Seite 88).

Regelmäßige Schlafzeiten setzen regelmäßige Mahlzeiten für die Kinder voraus, die am besten am frühen Abend zusammen mit den Eltern eingenommen werden sollten. Darüber empfiehlt es sich, feste Schlafrituale mit ihnen einzuüben. Wenn sich bestimmte Abläufe rund um den Schlaf jeden Abend wiederholen, gibt das Kindern ein großes Maß an Sicherheit und Gelassenheit. Sie freuen sich darauf, dass nach dem Essen, Waschen und Zähneputzen der Tag noch nicht zu Ende ist, denn Mutter oder der Vater nehmen sich dann noch Zeit für sie: zum Erzählen, zum Vorlesen und zum Schmusen. Wenn Kinder darauf vertrauen können, dass die Eltern ihnen jeden Abend Zeit und Zuwendung schenken, gelingt es ihnen am besten, sich von den vielen Eindrücken des Tages zu lösen und innerlich zur Ruhe zu kommen. Nach dem Gute-Nacht-Kuss können ein Teddy, eine Puppe, ein Bilderbuch oder ein Lieblingsspielzeug die Trennung von Mutter oder Vater und das Einschlafen erleichtern.

Wenn Kinder immer wieder aufstehen, noch etwas essen und trinken wollen oder nach den Eltern rufen, müssen diese klare Grenzen setzen, statt den Wünschen der Kleinen immer wieder nachzugeben. Ein konsequentes Verhalten der Eltern ist nicht nur

Wie Eltern den Schlaf ihres Kindes fördern können

- Wenn Ihr Baby nachts weint, sollten Sie es nur füttern, wickeln, zudecken oder kurz beruhigen, nicht aber mit ihm spielen oder lange auf es einreden.
- Lassen Sie Ihr Kind nicht regelmäßig über Nacht im Ehebett liegen: Es sollte frühzeitig lernen, ohne Angst allein zu schlafen.
- Widmen Sie Ihrem Kind jeden Abend vor dem Einschlafen ein wenig Zeit zum Schmusen, Vorlesen und Erzählen.
- Bleiben Sie nicht im Zimmer, bis Ihr Kind völlig eingeschlafen ist. Denn das verhindert, dass das Kind Mechanismen entwickelt, sich selbst zu beruhigen.
- Lassen Sie es nicht zu lange schreien, sondern gehen Sie, in immer größeren Abständen, in sein Zimmer und versichern Sie ihm, dass Sie in der Wohnung sind und es nicht allein ist.
- Achten Sie darauf, dass Ihr Kind abends nicht zu lange vor dem Fernseher beziehungsweise vor dem PC sitzt.
- Sorgen Sie für einen gut strukturierten Tagesablauf mit regelmäßigen Mahl- und Schlafzeiten und dafür, dass Ihr Kind tagsüber viel Bewegung und genug Möglichkeiten zum Spielen hat.
- Verabreden Sie „Sprechstunden“, in denen Ihr Kind in Ruhe über seine Gedanken, Wünsche und Sorgen mit Ihnen reden kann.

für den Schlaf der Kinder, sondern für ihre gesamte seelische Entwicklung wichtig. Eltern müssen das, was sie sagen, auch tun: zum Beispiel, dass sie jetzt nicht mehr ins Kinderzimmer kommen werden, weil sie im Nebenzimmer lesen, Zeit füreinander brauchen oder Arbeiten erledigen möchten, bei denen sie nicht gestört werden wollen.

Im Vorschulalter wachen Kinder manchmal nachts auf und möchten danach im Bett der Eltern weiterschlafen. Durch Hautkontakt und Streicheln lassen sie sich meistens wieder beruhigen. Danach sollten sie wieder in ihr Bett zurückgebracht werden. Wachen sie erneut auf, geht man am besten noch einmal so vor. Solange der Wunsch, bei den Eltern zu schlafen, die Ausnahme und nicht die Regel ist, besteht kein Anlass zur Sorge. Wenn ein Kind jedoch wochen- oder gar monatelang immer wieder ins Schlafzimmer der Eltern kommt, sollte man versuchen, herauszufinden, ob das Kind etwas bedrückt, ob es auch tagsüber ängstlich ist und sich etwas in seinem Verhalten geändert hat. Außerdem kann es hilfreich sein, sich mit dem Arzt, der das Kind von klein auf betreut hat oder mit den Erzieherinnen im Kindergarten, auszutauschen.

Da Schlafstörungen im Schulalter häufig auf eine Überreizung zum Beispiel durch Medienkonsum zurückzuführen sind, müssen Eltern darauf achten, dass ihr Kind tagsüber ausreichend körperliche Bewegung hat und abends nicht zu lange vor dem Fernseher oder Computer sitzt. Alles, was dem Wohlbefinden eines Kindes dient, fördert auch seine Fähigkeit, entspannt ein- und durchzuschlafen. Ein gutes Familienklima, das von wechselseitiger Zuneigung und Vertrauen geprägt ist, ist darüber hinaus wichtig. Kinder brauchen die Gewissheit, dass die Eltern sich für ihre Gedanken und Gefühle interessieren. Deshalb sollten wichtige Dinge nicht „zwischen Tür und Angel“ geklärt werden. Am besten ist es, man vereinbart dafür regelmäßige wöchentliche Zusammenkünfte, bei denen die Kinder in Ruhe über das sprechen können, was sie beschäftigt und bewegt. Ein solch intensiver Austausch ist eine wichtige Voraussetzung dafür, dass Kinder sich von ihren Eltern verstanden fühlen und sich nicht innerlich von ihnen entfremden und zum Beispiel immer stärker in virtuelle Welten zurückziehen.

Auch beim Schlaf fordert das Älterwerden seinen Tribut, aber ...

... es gibt verschiedene Möglichkeiten, mit denen ältere Menschen ihre Schlafqualität deutlich verbessern können. Dabei spielt ein geregelter und möglichst aktiver Tagesablauf eine zentrale Rolle. Ebenso wichtig ist es, dass sie sich oft dem Tageslicht aussetzen, für ausreichend Bewegung sorgen und intensive soziale Kontakte pflegen.

Endlich nach dem persönlichen Biorhythmus leben

Damit die neu gewonnene Zeit im „Ruhestand“ nicht zwischen den Fingern zerrinnt, ist es wichtig, den Tag gut zu strukturieren. Die Orientierung am eigenen Biorhythmus kann dabei eine gute Hilfe sein. Abendmenschen, die erst am Nachmittag richtig in Schwung kommen (→ Seite 32), brauchen sich nicht mehr früh am Morgen aus dem Bett zu quälen. Sie können den Tag langsam anlaufen lassen und Dinge, die besondere Aufmerksamkeit erfordern, für die zweite Tageshälfte aufschieben. Morgenmenschen können den Tagesbeginn jetzt auf eine neue Art und Weise genießen – eben auf die, die sie bislang immer vermisst haben oder allenfalls im Urlaub praktizieren konnten. Wer um die Mittagszeit schläfrig wird, kann sich jetzt, unbehelligt von Sachzwängen und Termindruck, die wohltuende Siesta gönnen, die im Berufsleben gar nicht oder nur selten möglich war. Mittagschlaf und Tagesnickerchen bewirken allerdings, dass man abends meist erst später müde wird – und deshalb nicht zu früh zu Bett gehen darf.

Günstig ist es, sich bereits zu Beginn der Woche zu überlegen, ob und was man sich für die kommenden Tage vornimmt – nicht im Sinne von zwanghafter Planung, sondern mit dem Gefühl, noch für vieles offen und frei zu sein. Denn wer seine Tage so aktiv und abwechslungsreich wie möglich gestaltet, läuft auch im fortgeschrittenen Lebensalter weniger Gefahr, mit durchwachten Nächten zu kämpfen.

Aktive Tage – die beste Voraussetzung für gute Nächte

- Stehen Sie auf, wenn Sie am frühen Morgen wach werden und nicht mehr einschlafen können. Wechselduschen, Gymnastikübungen am offenen Fenster, ein Morgenspaziergang und ein gutes Frühstück helfen, richtig wach zu werden.
- Planen Sie Ihren Tagesablauf, aber lassen Sie genügend Raum für spontane Ideen und Unternehmungen.
- Pflegen Sie regelmäßig soziale Kontakte, zum Beispiel in einer Einrichtung der Erwachsenenbildung, einem Kultur- oder Sportverein, mit einer politischen oder sozialen Tätigkeit.
- Nehmen Sie sich ausreichend Zeit für Ihre bisherigen Hobbys oder suchen Sie sich neue.
- Halten Sie sich körperlich fit. Planen Sie zum Beispiel zu bestimmten Tageszeiten einen Spaziergang oder einen Besuch im Schwimmbad ein. Viele Sportarten kann man bis ins hohe Alter ausüben. Auch wenn Sie erst spät anfangen, Sport zu treiben – zu spät ist es dafür nie! Sprechen Sie vorher mit Ihrem Arzt darüber, welche Sportart Sie ausüben möchten und ob sie geeignet ist.
- Ernähren Sie sich abwechslungsreich und nehmen Sie Ihre Mahlzeiten zu festen Tageszeiten ein. Vergessen Sie nicht, ausreichend zu trinken (→ Seite 97).
- Achten Sie auf eine gesunde Schlafumgebung (→ Seite 88).
- Schreiben Sie Ihre Sorgen und Ängste in ein Tagebuch, bevor Sie sich schlafen legen (→ Seite 105, 108).
- Gehen Sie nicht zu früh zu Bett, sondern erst dann, wenn Sie wirklich schläfrig sind. Licht- und Verhaltenstherapie (→ Seite 148, 136) können auch älteren Menschen helfen, einen stabilen Schlaf-Wach-Rhythmus zu entwickeln.
- Versuchen Sie zu akzeptieren, dass Sie in fortgeschrittenem Lebensalter nicht mehr so tief und lange schlafen können wie in jüngeren Jahren (→ Seite 82).

Wenn Sie trotz dieser Maßnahmen abends lange Zeit nicht einschlafen können, nachts wiederholt lange wach liegen und sich tagsüber erschöpft oder antriebslos fühlen, müssen die Ursachen ärztlich abgeklärt werden (→ Seite 123).

Wenn fachliche Hilfe notwendig ist

Schlafen ist kein geringes Kunststück,
denn man muss den ganzen Tag dafür wach bleiben.
Friedrich Nietzsche

Wenn man über mindestens einen Monat hinweg drei bis vier Nächte in der Woche schlecht schläft und sich tagsüber müde, erschöpft, antriebslos und in seiner Leistungsfähigkeit eingeschränkt fühlt, sollten die Ursachen der Störung ärztlich abgeklärt werden.

Erste Anlaufstelle ist eine allgemeinärztliche Praxis. Eine erfolgreiche Behandlung setzt voraus, dass der Arzt möglichst genau über die Beschwerden in der Nacht, aber auch am Tage informiert wird. Denn die Befindlichkeit während des Tages liefert wichtige Hinweise auf Art und Ursache des gestörten Schlafes. Deshalb ist es sinnvoll, sich bereits zuhause folgende Fragen zu stellen und die Antworten aufzuschreiben:

- Seit wann besteht meine Schlafstörung?
- Leide ich unter Ein- oder Durchschlafproblemen?
- Wann beziehungsweise unter welchen Umständen ist es zu der Schlaflosigkeit gekommen?
- Bessert oder verschlechtert sie sich unter bestimmten Bedingungen (zum Beispiel nach körperlicher Bewegung oder wenn ich früher oder später als gewohnt zu Bett gehe)?
- Was habe ich bislang gegen meine Schlafprobleme unternommen (Arzt- oder Heilpraktikerkonsultationen, sonstige Maßnahmen)?
- Welche – verschreibungspflichtigen und nichtverschreibungspflichtigen – Arzneimittel nehme ich derzeit ein?

Leider verfügen längst noch nicht alle niedergelassenen Ärzte über ausreichende schlafmedizinische Kenntnisse. Um das Leiden möglichst rasch zu lindern, aber auch auf Druck ihrer Patienten, verschreiben deshalb viele Ärzte viel zu schnell Schlafmittel oder Antidepressiva – der Griff zum Rezeptblock als Ersatz für die eigentlich notwendige gründliche Ursachenforschung.

Je besser ein Arzt über schlafmedizinische Probleme informiert ist, desto zurückhaltender wird er mit der Verordnung von Medikamenten sein. Er wird stattdessen nach äußeren Störfaktoren, nach Ernährungsgewohnheiten und Lebensstil fragen, nach körperlichen Beschwerden sowie nach der Einnahme bestimmter Medikamente, die den Schlaf beeinträchtigen können. Außerdem wird er versuchen, sich ein möglichst genaues Bild von den aktuellen Lebensumständen zu machen, und sich nach beruflichen, familiären oder anderen Konflikten erkundigen. Möglicherweise wird er Patienten mit chronischen Schlafstörungen gleich an eine fachärztliche Praxis oder an eine schlafmedizinische Ambulanz (→ Seite 134) überweisen. Schlafmittel verschreibt er allenfalls in einer akuten Notlage und nur für die Dauer von maximal zwei bis drei Wochen – nachdem er seine Patienten ausführlich über Risiken und unerwünschte Wirkungen aufgeklärt hat.

Wenn sich nach vierwöchiger Behandlung in der darauf folgenden Zeit ohne Schlafmittel immer noch keine erholsame

Woran Sie einen guten Arzt erkennen können

Grundsätzlich darf Ihnen der Arzt keine Therapie ohne Ihre ausdrückliche Zustimmung verordnen. Umgekehrt können aber auch Sie ihn nicht zu einer Behandlung zwingen, von der Sie persönlich meinen, dass es die richtige für Sie ist.

Ein guter Arzt wird Ihnen im Anschluss an die Diagnose eine Therapie vorschlagen. Er wird Ihnen erläutern, welche unterschiedlichen Behandlungsmöglichkeiten es gibt und warum er eine bestimmte Maßnahme für notwendig oder geeigneter hält als eine andere. Ihre Fragen, Einwände oder Ängste hört er sich in Ruhe an. Er nimmt sie ernst, bestimmt nicht über Ihren Kopf hinweg, was Sie zu tun oder zu lassen haben. Und er akzeptiert, dass Sie unter verschiedenen therapeutischen Möglichkeiten jene wählen, die Ihnen unter Abwägung von Nutzen und Risiken am meisten zusagt. Vor allem aber klärt er Sie über Heilungs- oder Besserungschancen einer bestimmten Maßnahme auf (auch darüber, dass Chancen keine Gewissheiten sind!), über den voraussichtlichen Behandlungsverlauf, über Risiken und Nebenwirkungen einer Therapie und über ihre eventuellen Auswirkungen auf Ihren Alltag (im Falle einer medikamentösen Behandlung zum Beispiel über Wechselwirkungen mit anderen Arzneimitteln, Auswirkungen auf Ihre Konzentrationsfähigkeit im Straßenverkehr oder am Arbeitsplatz oder auch Unverträglichkeiten mit bestimmten Nahrungsmitteln).

Aus: „Wie behandle ich meinen Arzt? Ein Leitfaden für mündige Patienten" von Ingrid Füller, Till Bastian, Verlag Kiepenheuer & Witsch, Köln, 2002

Nachtruhe einstellt, empfiehlt es sich, einen Facharzt aufzusuchen. So sollten sich zum Beispiel starke Schnarcher (mit und ohne Atemstillständen) auf jeden Fall an einen Hals-Nasen-Ohren- oder an einen Lungenfacharzt wenden. Beim Symptom der unruhigen Beine (→ Seite 60) oder bei Konzentrationsstörungen ist ein Neurologe, bei nächtlichem Juckreiz ein Internist der richtige Adressat.

Wer nach wie vor an Ein- oder Durchschlafstörungen, vielleicht auch unter Antriebslosigkeit leidet, sollte sich nicht scheuen, einen Psychiater zurate zu ziehen, da die Schlafprobleme möglicherweise auf eine Depression zurückzuführen sind. Führt auch die fachärztliche Therapie nicht innerhalb eines weiteren Monats zum Erfolg, sollte unbedingt eine Schlafambulanz aufgesucht werden (Adressen → Seite 167 f.). Die gleiche Empfehlung ist schlafgestörten Patienten zu geben, die bereits eine lange Odyssee durch verschiedene Arztpraxen hinter sich haben.

Beim Kinderarzt

Wenn Kinder die geschilderten Beschwerden (→ Seite 78) haben, muss ein Kinderarzt aufgesucht werden. Denn hinter einigen dieser Symptome können sich körperliche Erkrankungen wie eine Vergrößerung der Rachenmandeln, Asthma oder eine Schlafapnoe (→ Seite 68) verbergen, die gezielt behandelt werden müssen. Ohne vorherige ärztliche Untersuchung sollten Kinder keinesfalls schlaffördernde Medikamente bekommen – egal, ob es sich dabei um pflanzliche oder um verschreibungspflichtige Substanzen handelt.

Worauf Sie beim Kinderarzt achten sollten:

- Einem Arzt, der sofort den Rezeptblock zückt und ein Schlafmittel verschreibt, sollten Sie Ihr Kind nicht anvertrauen.
- Ein verantwortungsbewusster Arzt wird versuchen, sich ein möglichst umfassendes Bild von den Ursachen der Schlafstörung zu machen. Er wird Ihr Kind sorgfältig untersuchen, um eine organische Erkrankung auszuschließen. Darüber hinaus wird er Ihnen Fragen zu Ihren Lebensgewohnheiten und zum Familienalltag stellen. Denn hinter Schlafstörungen von Kindern können sich auch familiäre Probleme verbergen. Kinder reagieren nicht selten mit unterschiedlichen Krankheitssymptomen auf Konflikte zwischen den Eltern oder auf andere Belastungen, mit denen die Eltern zu kämpfen haben. Dann sind zum Beispiel Schlafstörungen nur ein Symptom, das nicht mit Medikamenten zugedeckt werden darf.
- Es spricht für den Arzt, wenn er Ihnen vor der tatsächlichen Behandlung ein Schlafprotokoll gibt und Sie bittet, es etwa eine Woche lang sorgfältig auszufüllen. Ihre Angaben liefern ihm wichtige Hinweise für die Art der Schlafstörung, unter der Ihr Kind leidet.
- Wenn der Arzt nach einer gründlichen Untersuchung eine organische Erkrankung als Ursache für die Schlafprobleme Ihres Kindes ausschließt und Ihnen empfiehlt, einen Kinderpsychiater oder Kinderpsychologen aufzusuchen, sollten Sie diesen Rat befolgen, denn kindliche Schlafstörungen können auch auf Angsterkrankungen oder Depressionen hinweisen.
- Wenn die Schlafstörung Ihres Kindes nicht auf eine organische oder seelische Erkrankung zurückzuführen ist, wird der Arzt eventuell Entspannungsübungen oder eine Verhaltenstherapie verordnen. Da sich diese Verfahren auch bei Kindern, die an Schlafstörungen leiden, gut bewährt haben, lohnt es sich auf jeden Fall, die vom Arzt vorgeschlagene Methode auszuprobieren.
- Vorsicht ist geboten, wenn ein Arzt Kindern, die einnässen (→ Seite 78), ohne vorherige gründliche Untersuchung Antidepressiva (→ Seite 133) verschreibt. (Die meisten seriösen Fachleute weisen darauf hin, dass Bettnässen bis zum fünften Lebensjahr völlig normal und danach in erster Linie Ausdruck emotionaler und sozialer Belastungen in Schule und Familie ist.)
- Manche Ärzte haben Kindern, die zum Schlafwandeln (→ Seite 74) neigen, Medikamente verordnet, die den Tiefschlaf stören, weil in dieser Schlafphase das Schlafwandeln stattfindet. Schlafmediziner warnen jedoch vor der Anwendung solcher Mittel, da gestörter Tiefschlaf für Kinder viel gravierender ist als Schlafwandeln. Letzteres hört in den meisten Fällen im Laufe der Zeit von allein auf – der fehlende Tiefschlaf hingegen ist nicht „nachholbar“.

Was Sie über verschreibungspflichtige Schlafmittel wissen sollten

Ist die beunruhigende Entwicklung von Schlafmittelproduktion und -konsum der Auftakt zum massiven Einsatz der Chemie, um die Menschen an eine immer unmenschlichere Umwelt, eine immer künstlichere Lebensweise und immer widernatürlichere Tätigkeiten anzupassen? Wird es dahin kommen, dass man eines Tages weder die anderen noch sich selbst mehr ohne chemische Hilfe ertragen kann?

Der große Irrtum bei der Behandlung der Schlaflosigkeit besteht darin, sie als eine Krankheit zu betrachten, während sie doch lediglich ein Symptom, ein Alarmsignal ist, um uns darauf aufmerksam zu machen, dass der Zug zu entgleisen droht.

Träume und Albträume ermöglichen uns, mit der Welt ins Reine zu kommen, sie bilden ein Gegengewicht zu unserem Leben. Die Schlaflosigkeit dagegen sagt uns: „Du hast den Schlaf nicht verdient! Du zwingst dich immerfort dazu, etwas zu tun, was dir zuwider ist, du manipulierst dich selbst, du befiehlst dir zu schweigen, du entscheidest mit dem Kopf, statt dein Herz sprechen zu lassen, und trotzdem möchtest du schlafen! Doch der Schlaf will nichts von dir wissen! Den Schlaf muss man sich verdienen! Er ist ein Heiligtum, das man nicht mit schmutzigen Füßen und Rotz an der Nase betritt! Wenn du Anspruch auf Schlaf erhebst, öffne erst einmal die Augen und bewahre deine Seele!"

Aus: „Im Reich des Schlafs"
von Henri-Frédéric Blanc

Eine medikamentöse Therapie ist immer nur eine „Krücke", auf die man sich nur kurzfristig stützen sollte. Das heißt, die Auslöser der Schlaflosigkeit sollten bekannt sein, und man sollte wissen, dass sie nur vorübergehender Natur sind: zum Beispiel vor einer Operation oder in einer akuten Krisensituation. Wenn, beispielsweise Lärm, mangelnde Bewegung oder schlechte Schlafhygiene (→ Seite 104) der Grund für den gestörten Schlaf sind, wäre es unsinnig und medizinisch nicht vertretbar, Schlaftabletten zu verordnen.

Auch bei chronischen Schlafstörungen sind schlafanstoßende Medikamente nur ein zeitlich befristetes Hilfsmittel. Schlafmittel bringen zwar rasche Linderung. Doch für eine längere und ausschließliche Behandlung sind sie nicht geeignet. Zum einen lässt ihre Wirkung meist schon nach wenigen Wochen kontinuierlicher Einnahme nach, was zu Gewöhnung und bei manchen Mitteln zur Dosissteigerung führen kann. Bei anderen Mitteln kommt es zwar nicht zur Dosissteigerung, aber zu einer Niedrig-Dosis-Abhängigkeit, die zu heftigen Entzugserscheinungen führt, wenn die Präparate abgesetzt werden. Zum anderen beseitigen Arzneimittel nicht die Ursache der Beschwerden. Im Gegenteil: Wegen des raschen Gewöhnungseffekts und des zum Teil hohen Abhängigkeitspotenzials besteht die Gefahr, dass sich Schlafstörungen weiter „festsetzen", während die Auslöser völlig in den Hintergrund und schließlich in Vergessenheit geraten.

Deshalb sollte es Ihnen wichtig sein, dass der behandelnde Arzt

- Ihnen vor der Verordnung von Tabletten nichtmedikamentöse Verfahren empfiehlt,
- ein Gesamtbehandlungskonzept erstellt, das an den Ursachen Ihrer Schlafstörung ansetzt und in dem Schlafmittel allenfalls eine befristete Nebenrolle spielen,
- den genauen Medikamentenplan mit Dosis und Einnahmezeit mit Ihnen bespricht, ebenso die Dauer der medikamentösen Therapie und auf zusätzliche Behandlungsmöglichkeiten hinweist,
- bei Ihnen eine aktive Haltung fördert.

Benzodiazepine, Zolpidem, Zopiclon und Zaleplon

Die verschreibungspflichtigen Schlafmittel sind unterschiedlichen Wirkstoffgruppen zuzuordnen. Die meisten stammen aus der Gruppe der Benzodiazepine. Neuere Substanzen sind Zolpidem und Zopiclon. Das Mittel Zaleplon, das in dem Präparat *Sonata* enthalten ist, ist in Deutschland erst seit relativ kurzer Zeit und in Österreich noch gar nicht auf dem Markt.

Benzodiazepine wirken direkt auf das zentrale Nervensystem. Sie haben eine beruhigende beziehungsweise schlaffördernde, muskelentspannende sowie eine angst- und krampflösende Wirkung. Die Substanzen Zolpidem, Zopiclon und Zaleplon gehören zwar chemisch gesehen nicht zu den Benzodiazepinen, docken jedoch an den gleichen Bindungsstellen der Nervenzellen im zentralen Nervensystem an und weisen sowohl bei den erwünschten als auch bei den nicht erwünschten Wirkungen eine große Ähnlichkeit mit Benzodiazepinen auf.

Darüber hinaus ist noch einmal zwischen Beruhigungs- und Schlafmitteln zu unterscheiden. Die bekanntesten Substanzen in Beruhigungsmitteln sind Diazepam (zum Beispiel in *Valium*) und Oxazepam (zum Beispiel in *Adumbran*). Diese sind jedoch keine ausgesprochenen Schlafmittel. Wegen ihrer entspannenden Wirkung und ihres etwas langsameren Wirkungseintritts eignen sie sich allenfalls als schlaffördernde Hilfe.

Zu den Schlafmitteln unter den Benzodiazepinen zählen zum Beispiel die Wirkstoffe Brotizolam (in *Lendormin*), Flunitrazepam (zum Beispiel in *Rohypnol*), Flurazepam (zum Beispiel in *Dalmadorm*, in Österreich *Staurodorm*), Lormetazepam (zum Beispiel in *Noctamid*), Nitrazepam (zum Beispiel in *Mogadan* und *Radedorm*, in Österreich *Mogadon*), Temazepam (zum Beispiel in *Remestan*), Triazolam (zum Beispiel in *Halcion*). Die Wirkstoffe Zolpidem (zum Beispiel in Deutschland in *Stilnox* und in Österreich *Ivadal*) und Zopiclon (zum Beispiel *Ximovan* in Deutschland und *Somnal* in Österreich) sind ebenfalls schlafeinleitende Substanzen.

Manche Benzodiazepine, die lange wirken, bauen sich nur sehr langsam im Körper ab. Das gilt insbesondere für Flurazepam. Eines seiner Abbauprodukte ist erst nach über 100 Stunden zur Hälfte aus dem Körper ausgeschieden. Das bedeutet, dass der Effekt bis in die nächsten Tage hinein wirkt und der so genannte Hang-over entsteht. Das ist aber nur dann sinnvoll, wenn auch tagsüber eine Dämpfung erwünscht ist. Ansonsten führen Hang-over-Effekte zu Konzentrationsstörungen und Gangunsicherheit, die oft die Ursache für Stürze mit der Folge schlecht heilender Brüche sind. Zu den lang wirkenden Substanzen gehören darüber hinaus Flunitrazepam und Nitrazepam.

Am ehesten sind die kurz- und mittellang wirkenden Substanzen zu empfehlen; ältere Menschen sollten vor allem die letztgenannten anwenden. Zu diesen gehören die Wirkstoffe Brotizolam, Lormetazepam und Temazepam. Triazolam ist ein kurz wirkendes Mittel – es fördert zwar das Einschlafen; zuweilen ist aber die Wirkdauer sehr kurz, sodass es bei Durchschlafstörungen weniger geeignet sein kann.

Was bei der Anwendung zu beachten ist

Im Allgemeinen sollten Schlafmittel etwa eine halbe Stunde vor dem Zubettgehen eingenommen werden. Für die Substanzen Flunitrazepam und Triazolam gilt jedoch: Einnahme unmittelbar vorher, denn diese können ihre volle Wirkstärke bereits innerhalb von zehn Minuten erreichen.

Bei den neuen Wirkstoffen Zolpidem, Zopiclon und Zaleplon scheint das Abhängigkeitspotenzial nicht so hoch zu sein wie bei den anderen hier aufgeführten Schlafmitteln. Allerdings liegen noch keine ausreichenden wissenschaftlichen Langzeit-Untersuchungen vor. Dennoch scheinen sie wahrscheinlich im Hinblick auf die Gewöhnungsproblematik eine nützliche Alternative zu sein. Deshalb werden diese Mittel auch als Schlafmittel „bei Bedarf" empfohlen, weil sie sich dazu eignen, einige Tage eingenommen und dann wieder abgesetzt zu werden. Wenn es unbedingt erforderlich ist, kann man sie danach wieder einige Tage einnehmen.

Hat man zwei Nächte hintereinander ein Schlafmittel eingenommen, ist es ratsam, das Mittel danach für mindestens eine

Nacht auszusetzen. Manche Menschen gewöhnen sich sehr schnell an Benzodiazepine. Sie brauchen dann dauerhaft diese Mittel, um schlafen zu können, und erhöhen den Konsum vor allem, wenn sie familiär oder beruflich stark belastet sind.

Nach mehr als ein- bis zweimonatiger ununterbrochener Einnahme muss der Körper langsam entwöhnt werden. Wie lange das „Ausschleichen" dauert, hängt von der Dosierung und der Dauer der Anwendung ab. Nach mehrmonatiger oder gar mehrjähriger Einnahmezeit sollte die Entwöhnung nur unter ärztlicher Anleitung durchgeführt werden, da während dieser Zeit gravierende Entzugserscheinungen wie völlige Schlaflosigkeit, Angst, Erregungs- und Verwirrtheitszustände auftreten können. Für den Entzug nach einer Hochdosis-Abhängigkeit ist immer ein Krankenhausaufenthalt erforderlich.

Einige Benzodiazepine wie Flunitrazepam, das zum Beispiel in dem Präparat *Rohypnol* enthalten ist, werden besonders oft missbräuchlich verwendet, meist zusätzlich zu anderen Drogen. Offenbar setzt die Wirkung rasch ein und hält lange an.

Benzodiazepine dürfen Sie nicht einnehmen, wenn Sie

- von Alkohol, Drogen oder Medikamenten abhängig waren oder sind,
- unter einem akuten Engwinkelglaukom (grüner Star) leiden (mit Ausnahme der Substanzen Temazepam und Triazolam),
- Asthma oder andere Erkrankungen der Atemwege haben,
- von Schlafapnoen betroffen sind,
- sich aufgrund einer Nerven- oder Gehirnerkrankung nicht koordiniert bewegen können,
- unter einer stark gestörten Leberfunktion leiden (dies gilt für die Wirkstoffe Brotizolam, Flurazepam, Nitrazepam, Triazolam und Zopiclon).

Werden Benzodiazepine zusammen mit Arzneimitteln eingenommen, die das zentrale Nervensystem dämpfen, muss mit einer verstärkten Wirkung gerechnet werden. Auf keinen Fall dürfen Alkohol und Benzodiazepine gleichzeitig angewendet werden, da der Körper in unvorhersehbarer Weise auf diese Mischung reagieren kann. Während der Einnahme von Triazolam sollte auf Grapefruitsaft verzichtet werden, da auch dies zu einer Wirkungssteigerung führen und die Schläfrigkeit deshalb bis in den folgenden Tag hinein anhalten kann.

Zu den unerwünschten Wirkungen zählen:

- Müdigkeit, Benommenheit, Konzentrations-, Bewegungs- und Sehstörungen sowie eine eingeschränkte Reaktionsfähigkeit am Tag nach der Einnahme (dann sollten Sie keine Fahrzeuge lenken, keine Maschinen bedienen und keine Arbeiten ohne sicheren Halt verrichten),
- Übelkeit, Erbrechen, Durchfall, Verstopfung und allergische Hautreaktionen,
- Mundtrockenheit, Kopfschmerzen, Schwindel und Schwäche

durch sinkenden Blutdruck (deshalb soll man morgens unbedingt langsam aufstehen),
- insbesondere bei älteren Menschen eine so genannte paradoxe Reaktion, die sich durch Unruhe und Verwirrtheit äußert. Das ist meist ein Hinweis darauf, dass das Mittel zu hoch dosiert wurde. Außerdem treten bei Personen über 60 Jahren häufiger als bei jüngeren Blutdruckabfall, Muskelschwäche und unkoordinierte Bewegungen auf, was die Gefahr von Stürzen erhöht.

Hinweise für die Einnahme von Benzodiazepinen

- Benzodiazepine fördern nicht nur den Schlaf. Ihre dämpfende Wirkung kann bis weit in die Wachperiode hinein andauern und so Bewegungs-, Konzentrations- und Reaktionsvermögen und damit die Verkehrstüchtigkeit und das Bedienen von Maschinen erheblich beeinträchtigen.

- Benzodiazepine dürfen nur unter ärztlicher Kontrolle eingenommen werden.

- Sämtliche Präparate, die Benzodiazepine enthalten, eignen sich nur zur kurzfristigen Anwendung. Kurzfristig bedeutet (bei täglicher Einnahme) maximal zwei Wochen. Vier bis fünf Wochen gelten bereits als Langzeittherapie, denn beim Absetzen können Entzugserscheinungen auftreten. Solche Entzugssymptome können möglicherweise durch eine Intervallbehandlung gemildert werden: Sie dürfen das Mittel dann nur jeden zweiten oder jeden dritten Abend schlucken, insgesamt jedoch nicht länger als vier Wochen.

- Ein kurzfristiger Einsatz von Benzodiazepinen ist gerechtfertigt:
  - zur Beruhigung und Schlafförderung vor Operationen,
  - in einer akuten seelischen Notlage (zum Beispiel beim Verlust eines nahe stehenden Menschen durch Tod oder Trennung),
  - in einer außergewöhnlichen, vorübergehenden beruflichen oder familiären Überlastungssituation,
  - bei einer akuten Störung des Schlaf-Wach-Rhythmus (zum Beispiel bei Interkontinentalflügen).

- Benzodiazepine eignen sich nicht:
  - zur Bekämpfung von Alltagsstress,
  - zur häufigen oder regelmäßigen Behandlung von Schlafstörungen, Unruhe, Nervosität oder Angstzuständen,
  - zur Überwindung von Konzentrationsschwäche, Überarbeitung, Witterungsempfindlichkeit oder Reizbarkeit,
  - als „Aufwind für die Seele", bei depressiven Stimmungen oder zur Förderung seelischer Ausgeglichenheit.

In seltenen Fällen kann es unter der Wirkung von Benzodiazepinen zu psychischen Störungen, Gedächtnislücken, zu Fehlverhalten und Gewalttaten kommen. Möglicherweise ist dieser Effekt bei kürzer wirksamen Substanzen (zum Beispiel Triazolam) stärker ausgeprägt als bei Substanzen mit mittellanger Wirkung.

Schwangere und Stillende dürfen keine Benzodiazepine einnehmen. Bei älteren Menschen ist zu beachten, dass ihr Stoffwechsel langsamer arbeitet und einige Mittel deshalb länger wirken.

Chloralhydrat

Chloralhydrat (zum Beispiel im Präparat *Chloraldurat*) gehört zu den ältesten Schlafmittelsubstanzen. Die Einnahme bewirkt, dass im Gehirn die Freisetzung eines bestimmten Botenstoffs gehemmt und dadurch nicht mehr alle Informationen im Nervensystem weitergeleitet werden. Auf diese Weise entsteht ein dämpfender Effekt.

Was bei der Anwendung zu beachten ist

Das Mittel soll ungefähr eine halbe Stunde vor dem Schlafengehen eingenommen werden. Meist reichen 250 Milligramm Wirkstoff, um den Schlaf anzustoßen. Die Dosierungsgrenze liegt bei 2 000 Milligramm.

Ebenso wie Benzodiazepine darf auch Chloralhydrat nicht länger als zwei Wochen eingenommen werden, da sich der Körper dann an die Substanz gewöhnt hat und die Dosis immer weiter gesteigert werden müsste, um eine schlafeinleitende Wirkung zu erzielen. Bei längerer Einnahme entwickelt sich eine gefährliche Abhängigkeit, die zu Persönlichkeitsveränderungen führen kann.

Chloralhydrat dürfen Sie nicht (mehr) einnehmen, wenn Sie

- von Alkohol, Drogen oder Medikamenten abhängig waren oder sind,
- eine Leber- oder Nierenfunktionsstörung haben,
- unter Herzrhythmusstörungen oder ungenügender Herzleistung (Herzinsuffizienz) leiden,
- den Wirkstoff Phenprocoumon anwenden, um die Blutgerinnung bei Thrombosen zu hemmen,
- allergisch auf das Medikament reagieren, was sich im Allgemeinen durch gerötete oder juckende Haut bemerkbar macht.

Werden außer Chloralhydrat noch andere Arzneimittel eingenommen, die das zentrale Nervensystem dämpfen, verstärkt sich die gegenseitige Wirkung. Das Gleiche gilt für Alkohol.

Zu den unerwünschten Wirkungen zählen:

- (besonders bei zu hoher Dosierung) Müdigkeit, Benommenheit und Verwirrtheit am nächsten Tag (dann dürfen keine Fahrzeuge gelenkt, keine Maschinen bedient und keine Arbeiten ohne sicheren Halt verrichtet werden),
- Angst, Unruhe, Schwindel und Kopfschmerzen,
- Übelkeit, Blähungen und Durchfall,
- allergische Reaktionen (gerötete, juckende Haut).

Schwangere und Stillende sollten Chloralhydrat nicht einnehmen. Für ältere Menschen eignet es sich dagegen (für einen begrenzten Zeitraum) recht gut, da es relativ schnell abgebaut wird.

Antidepressiva und Neuroleptika

Wegen des hohen Abhängigkeitspotenzials von Benzodiazepinen und Chloralhydrat verschreiben manche Ärzte zunehmend Antidepressiva oder (niedrig dosierte) Neuroleptika bei Schlafstörungen.

Antidepressiva sind Mittel, die je nach Substanz und Dosierung unterschiedlich stark stimmungsaufhellend, antriebssteigernd oder dämpfend wirken. Ihr Einsatzgebiet ist die Behandlung von Depressionen. Bei Schlafstörungen dürfen sie nur dann verordnet werden, wenn diese von Depressionen begleitet oder auf sie zurückzuführen sind (→ Seite 61).

Neuroleptika sind Medikamente zur Behandlung von Psychosen, das heißt von Erkrankungen, die durch tief greifende Denk-, Bewusstseins- oder durch wahnhafte Wahrnehmungsstörungen gekennzeichnet sind und teilweise als Schizophrenie bezeichnet werden. Die Betroffenen leiden unter Verwirrtheitszuständen, heftiger Übererregung, Verlust des Zeit- und Ortbewusstseins, schweren Wahnvorstellungen oder Halluzinationen. In solchen Fällen kann eine Therapie mit Neuroleptika sinnvoll sein. Bei psychisch gesunden Menschen, die lediglich unter Schlafstörungen leiden, ist die Verabreichung – auch von niederpotenten Neuroleptika – nicht angezeigt.

Sowohl bei Antidepressiva als auch bei Neuroleptika handelt es sich um hoch wirksame Arzneimittel, die je nach Wirkstoff gefährliche unerwünschte (Folge-)Wirkungen haben können. Dazu zählen insbesondere Herz- und Kreislaufstörungen, Herzrhythmusstörungen, Magen-Darm-Beschwerden wie Übelkeit, Erbrechen, Durchfall oder Verstopfung, Störungen des Menstruationszyklus und der sexuellen Lust, Zittern, Muskelzucken, Brustdrüsenschwellung mit Milchabsonderung, Blutbildungsstörungen, Gewichtszunahme, Haarausfall, Hautausschläge oder Ansammlung von Flüssigkeit im Gewebe (Ödeme). Der Einsatz dieser Medikamente ist deshalb nur gerechtfertigt, wenn Patienten zweifelsfrei an einer psychischen Erkrankung leiden. Die neueren Antidepressiva (zum Beispiel Fluoxetin mit den Präparaten *Fluctin* und *Fluoxetin-ratiopharm*) sind vielfach antriebssteigernd, sodass sie bei Schlafstörungen nicht infrage kommen.

Melatonin

Das Hormon Melatonin wird in den Medien verschiedentlich als wahre Wunderdroge gepriesen. Neben einem angeblich den gesamten Organismus stärkenden und verjüngenden, soll es auch einen schlaffördernden Effekt haben.

Es gibt einzelne Untersuchungen, bei denen Versuchspersonen Dosen zwischen 0,3 und 1,0 Milligramm Melatonin verabreicht wurden. Bei einigen von ihnen zeigte sich eine schlafanstoßende, bei anderen überhaupt keine und bei wieder →

Melatonin Fortsetzung

anderen eine gegenteilige Wirkung. Dennoch wird das Mittel von vielen erfolgreich zum Beispiel gegen Jetlag (→ Seite 19, 110) eingesetzt. Gegen eine solche vereinzelte Einnahme bestehen bisher keine Bedenken.

Weil noch keine ausreichenden Studien über die unerwünschten Wirkungen vorliegen, die bei der Langzeiteinnahme von Melatonin auftreten können, ist die Substanz bislang in Deutschland nicht als Arzneimittel zugelassen. Wer es sich über eine Apotheke aus den USA bestellen möchte, braucht dafür eine ärztliche Verordnung. Schlafmediziner raten jedoch von einer Behandlung mit Melatonin ab, da die genauen Wirkmechanismen nicht hinreichend erforscht sind und seine Unbedenklichkeit nicht gesichert ist.

So helfen Schlaflabore, Psychotherapien & Co.

Wer unter quälenden Schlafstörungen leidet, die sich auch durch eine fachärztliche Behandlung nicht bessern ließen, sollte sich an ein schlafmedizinisches Zentrum wenden. Eine Überweisung durch den behandelnden Arzt ist zwar sinnvoll, aber keine Voraussetzung. Mitglieder der gesetzlichen Krankenkassen in Deutschland müssen lediglich ihre Chipkarte vorweisen. In Österreich ist Voraussetzung für die Kostenübernahme der Untersuchung im Schlaflabor, dass eine ambulante Behandlung keinen Erfolg hatte.

In Deutschland gibt es inzwischen über 200 Schlafzentren, die nach bestimmten wissenschaftlichen Kriterien der Deutschen Gesellschaft für Schlafforschung und Schlafmedizin (DGSM) auf ihren Qualitätsstandard geprüft und anerkannt sind. Schlaflose Österreicher sind diesbezüglich mit nur 18 solcher Einrichtungen nicht ganz so gut versorgt. Viele dieser Zentren sind allerdings sowohl in Deutschland als auch in Österreich an Lungenfachkliniken angeschlossen. Dort werden zwar die verschiedenen Arten von Schlafstörungen untersucht und diagnostiziert, in der Regel aber nur solche behandelt, die auf Erkrankungen der Atemwege (vor allem auf Apnoen) zurückzuführen sind.

Da die Mehrheit der Menschen, die über schlechten Schlaf klagt, an (chronischen) Ein- und Durchschlafstörungen leidet, ist im Anhang (→ Seite 168 ff.) eine Liste mit Adressen von Schlafzentren abgedruckt, die nach eigenen Angaben alle Arten von Schlafstörungen behandeln.

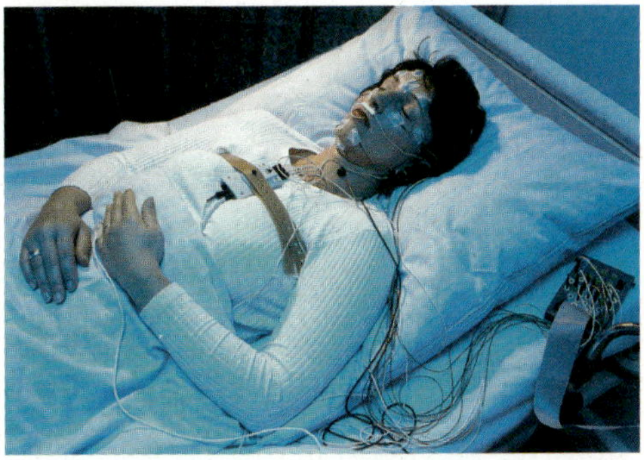

Ein Blick ins „Zentrum" des nächtlichen Geschehens

In schlafmedizinischen Zentren arbeitet ein Kreis von Experten unterschiedlicher Fachrichtungen. Er setzt sich meist aus Neurologen, Psychiatern, Lungenfachärzten, Internisten, Kardiologen, Psychologen, medizinisch-technischen Assistenten und medizinischem Pflegedienst zusammen.

Alle Schlafzentren bestehen aus einer Schlafambulanz und einem Schlaflabor. Der Erstkontakt erfolgt über die Ambulanz. Wenn notwendig, wird den Patienten dabei ein zusätzlicher Fragebogen (→ Seite 154) ausgehändigt und häufig auch bestimmte Messgeräte.

Dazu zählen insbesondere Apnoe-Screening-Kästchen und so genannte Aktometer. Beim Apnoe-Screening-Gerät handelt es sich um einen kleinen Kasten mit Kabeln, den man eine Zeit lang am Körper tragen muss. Das Gerät zeichnet Atemgeräusche, Atemfluss, Atembewegung, Herzfrequenz, Sauerstoffsättigung im Blut, Körperlage, Bewegungen und das Elektrokardiogramm (EKG) auf und dient der Vorabklärung auf eine Schlafapnoe. Ein Aktometer ist etwa doppelt so groß wie eine Armbanduhr. Mit diesem Gerät lassen sich Bewegungen im Ruhe-Aktivitäts-Rhythmus messen und im Zeitverlauf darstellen.

Nachdem Fragebogen und ambulante Messverfahren ausgewertet sind, werden die Patienten gründlich untersucht. Danach wird eine erste Verdachtsdiagnose erstellt und entschieden, ob zusätzliche Untersuchungen im Schlaflabor erforderlich sind. Dies ist vor allem der Fall, wenn es Hinweise auf eine Schlafapnoe oder auf eine neurologische Erkrankung gibt.

Was passiert im Schlaflabor?

Die weiterführende Diagnostik besteht dann unter anderem aus der nächtlichen „Polysomnographie". Sie dient der Analyse der einzelnen Schlafstadien (→ Seite 28), der Beurteilung der Atmung, der Registrierung von Muskelaktivitäten und anderen Körperfunktionen während des Schlafes. Tagsüber werden neben Routineuntersuchungen wie EKG und EEG auch die Aufmerksamkeit geprüft.

Das Patientenzimmer im Schlaflabor gleicht in der Grundausstattung einem Einzelzimmer im Krankenhaus: ein Bett, ein Nachttisch, eine Lampe. Besser ausgestattete Einrichtungen bieten auch eine Toilette und eine Dusche. Aber das ist nicht alles. Gegenüber dem Bett befindet sich eine Videokamera, am Kopfende sind elektronische Geräte installiert. An ihren langen, dünnen Kabeln stecken Elektrodenfühler, die an der Stirn des Patienten, an Augenwinkeln, Finger, Brust und Beinen befestigt werden. Diese Elektroden erfassen die elektrischen Potenzialschwankungen, die auf der Haut messbar sind. Das heißt, sie registrieren kleinste elektrische Spannungen, die dann auf einem Monitor im Nebenzimmer erscheinen und aufgezeichnet werden. In Form von EEG (Elektroenzephalogramm), EMG (Elektromyogramm), EKG und EDA (elektrodermale Aktivität) werden Hirn-, Muskel-, Herz- und Hautströme gemessen. Darüber hinaus werden noch Atmung, Sauerstoffsättigung des Blutes und weitere Körperfunktionen über Elektroden abgeleitet.

Im Nebenraum arbeiten Techniker, die die Registrierung der Bioströme kontrollieren, die Patienten per Videomonitor überwachen und ihnen behilflich sind, wenn sie zur Toilette gehen müssen. Denn die Kabel lassen zwar ausreichend Spielraum zum Drehen und Wenden im Bett, sie müssen jedoch abgezogen werden, wenn man das Bett verlässt.

Die Untersuchungen im Schlaflabor werden in der Regel an mindestens zwei bis drei aufeinander folgenden Nächten, gelegentlich auch am Tag, durchgeführt. Danach liegen meist sichere Daten vor, die eine eindeutige Diagnose erlauben. Die Patienten erfahren, ob sie ein gesundes Schlafprofil haben oder an Einbeziehungsweise Durchschlafstörungen leiden, an Herzrhythmusstörungen, Atemstillständen, an „unruhigen Beinen“ oder an anderen schlafbezogenen Erkrankungen. Auf der Grundlage dieser genauen Diagnose kann dann eine gezielte Behandlung eingeleitet werden.

Wirksame Psychotherapien

Sind die Schlafprobleme auf eine organische oder seelische Erkrankung zurückzuführen, muss das Grundleiden behandelt werden. Liegt keine körperliche oder seelische Störung vor, sind gezielte verhaltenstherapeutische Maßnahmen am effektivsten. Schlafexperten haben spezielle Konzepte entwickelt, die sich auch bei der Behandlung chronischer Schlafstörungen gut bewährt haben. Ihre Wirksamkeit wurde in zahlreichen wissenschaftlichen Studien nachgewiesen. In Kombination mit Entspannungsmethoden (→ Seite 103) ist die Erfolgsquote am höchsten.

Welches Verfahren (in Einzel- oder Gruppentherapie) angewendet wird, hängt von den individuellen Symptomen der Patienten

Die Therapie auf zwei Säulen: Hilfe und Selbsthilfe

Dass auch eine lang andauernde, also chronische Schlafstörung kein hoffnungsloser Fall ist, beweist die folgende Patientengeschichte. Ein 53-Jähriger leidet bereits seit zehn Jahren unter quälenden Schlafstörungen. Jeden Abend empfindet er als Bedrohung. Inzwischen hat er schon am Tag Angst vor der Nacht, weil er erst nach mehreren Stunden in den Schlaf findet. Tagsüber fühlt er sich extrem erschöpft. Er kann sich kaum noch konzentrieren, seine Arbeitsleistung hat deutlich nachgelassen, weshalb er bereits mehrfach von seinen Vorgesetzten gerügt worden ist. Bislang haben ihm die Ärzte lediglich verschiedene Schlafmittel verschrieben, die aber stets nur für kurze Zeit wirkten. Als er völlig verzweifelt und am Ende seiner Kraft ist, sucht er ein schlafmedizinisches Zentrum auf.

In der Schlafambulanz wird eine Einschlafstörung diagnostiziert. Die Schlafmediziner empfehlen ein umfassendes Behandlungskonzept, das mit einer befristeten medikamentösen Behandlung mit einem geeigneten Schlafmittel beginnt, um den Teufelskreis der Schlafstörung zu durchbrechen. Gleichzeitig wird der Patient an einen Verhaltenstherapeuten überwiesen. Im Laufe der Therapie gelingt es ihm, seinen Alltag besser zu strukturieren und mehrere Arbeitspausen einzulegen. Er nimmt das Abendessen zu einem früheren Zeitpunkt zu sich, joggt regelmäßig und erlernt die Progressive Muskelentspannung nach Jacobsen, die er auch abends vor dem Einschlafen anwendet. Nach drei Wochen Verhaltenstherapie kann er die medikamentöse Behandlung beenden. Wenig später hat sich die Zeit, die er zum Einschlafen braucht, bereits deutlich reduziert.

Die Fallgeschichte beweist nicht nur die Wirksamkeit einer Kombinationstherapie, sondern darüber hinaus, wie wichtig es ist, die Suche nach Hilfe nicht aufzugeben, auch wenn eine lange Reihe vergeblicher Bemühungen vorangegangen ist.

ab. Ebenso wichtig wie die Methode ist aber auch die Auswahl des jeweiligen Therapeuten. Deshalb sollte man zunächst Probestunden vereinbaren. Nur so lässt sich herausfinden, ob man mit dem jeweiligen Therapeuten tatsächlich eine vertrauensvolle Beziehung aufbauen kann – und will. Wer sich unverstanden, bevormundet, nicht ernst genommen, unpersönlich oder gleichgültig behandelt oder einfach nur unbehaglich fühlt, sollte diesen Eindruck auf jeden Fall offen ansprechen und versuchen, eine Klärung herbeizuführen. Ist das nicht möglich, empfiehlt es sich, den Therapeuten zu wechseln.

Vor Beginn einer Zusammenarbeit sollten Art, Zielsetzung, voraussichtliche Dauer der Behandlung sowie die entstehenden Kosten geklärt werden. Eine ärztlich verordnete Verhaltenstherapie wird in der Regel von den Krankenkassen finanziert.

Schlafrestriktion

Bei vielen Menschen, die Schlafprobleme haben, besteht ein deutliches Missverhältnis zwischen der Zeit, die sie im Bett verbringen, und der Zeit, in der sie tatsächlich schlafen. Aus Angst, nicht genügend Schlaf zu bekommen, gehen sie entweder zu früh ins Bett oder sie stehen zu spät auf. Die langen Wachphasen führen meist zu einem fragmentierten, „zerhackten" Schlafmuster und darüber hinaus zu einer Fehleinschätzung der Schlafzeit – was wiederum zur Aufrechterhaltung und Verfestigung der Schlafprobleme beiträgt.

Während einer Schlafrestriktionstherapie lernt man, nur so lange im Bett zu bleiben, wie man tatsächlich schläft. Ausgangspunkt der Therapie ist ein regelmäßig geführtes Schlafprotokoll (→ Seite 107). Vor Beginn der Behandlung muss man eine Zeit lang genau notieren, wann man zu Bett geht, wie lange man wach liegt und wie lange man schläft. Anschließend wird das Missverhältnis zwischen Bett- und Schlafzeit stufenweise abgebaut. Morgens müssen die Patienten stets zur gleichen Zeit aufstehen. Wenn jemand beispielsweise aufgrund seiner Protokollvermerke nur fünf Stunden schläft und um sechs Uhr morgens aufstehen muss, darf er nicht vor ein Uhr nachts ins Bett gehen. Da Mittagschlaf und Tagesnickerchen bei dieser Therapie grundsätzlich tabu sind, kommt es zu einem ausgeprägten Schlafdruck. Wenn man in mindestens fünf Nächten während der im Bett verbrachten Zeit überwiegend schläft, darf man in den darauf folgenden Nächten 15 bis 30 Minuten länger schlafen. Das Verfahren wird so lange fortgesetzt, bis die individuell nötige Schlafdauer erreicht ist.

Die ersten Behandlungstage sind erfahrungsgemäß ausgesprochen anstrengend, da man tagsüber sehr müde ist, vor der festgesetzten Zeit aber nicht schlafen gehen darf. Deshalb ist eine enge Zusammenarbeit zwischen dem Therapeuten und dem Patienten erforderlich. Hat man die schwierige Anfangsphase mit therapeutischer Unterstützung gut überstanden, ist

Das Gruppengespräch als Entlastung

Schon das Wissen und detaillierte Informationen um das Phänomen Schlaf können Betroffenen helfen und ihnen den Weg zur Heilung zeigen: Eine 27-Jährige wendet sich an eine Schafambulanz, weil sie seit etwa vier Jahren nur noch drei bis vier Stunden pro Nacht schläft. Nach relativ raschem Einschlafen wird sie nach zirka einer Stunde wieder wach und kann danach erst sehr spät, wenn überhaupt, wieder einschlafen. Tagsüber leidet sie an Müdigkeit und verringerter Leistungsfähigkeit. Obwohl sie sehr erschöpft ist, kann sie auch tagsüber nicht schlafen – sie fühlt sich innerlich angespannt und kommt nicht zur Ruhe. Bislang hat sie keinen Arzt wegen der Schlafstörungen aufgesucht und keine Schlafmittel eingenommen.

Nach einem ausführlichen Anamnese-Gespräch in der Schlafambulanz wird die Verdachtsdiagnose auf eine psychophysiologische Schlafstörung gestellt. Ein Aufenthalt im Schlaflabor erscheint nicht erforderlich. Die Schlafexperten empfehlen der Patientin, an einer verhaltenstherapeutisch orientierten Gruppentherapie teilzunehmen. Außerdem wird sie eingehend über die Entstehung von Ein- und Durchschlafstörungen informiert. Diese Informationen empfindet die Patientin bereits als sehr entlastend. Bislang hatte sie geglaubt, mindestens acht Stunden schlafen zu müssen, und war deshalb jeden Abend sehr früh zu Bett gegangen.

In der Gruppentherapie lernt sie nicht nur, ihre bisherige (Fehl-)Erwartung an den Schlaf abzubauen, sondern bekommt auch ein gezieltes Bewegungs- und Entspannungstraining sowie spezielle Maßnahmen zur Schlafhygiene vermittelt. Inzwischen nimmt sie das Abendessen bereits um 18 Uhr ein, verzichtet dabei auf Alkohol und geht erst um Mitternacht zu Bett. Durch die Reduzierung der im Bett verbrachten Zeit hat sich nicht nur ihr Schlaf, sondern auch ihre Leistungsfähigkeit am Tag verbessert. Den gegenseitigen Erfahrungsaustausch im Rahmen der Gruppentherapie erlebt sie als sehr hilfreich.

diese Methode oft sehr wirkungsvoll. Sie hat sich insbesondere bei chronischen Ein- und Durchschlafstörungen, aber auch bei Schlaf-Wach-Rhythmusstörungen (→ Seite 71) bewährt.

Gedankenstopp

Viele Ein- und Durchschlafstörungen sind auf nächtliches Grübeln und auf immer wiederkehrende Ängste über die Zukunft zurückzuführen, wobei es nicht gelingt die Gedanken zu durchbrechen. Dann empfiehlt es sich, unter fachlicher Anleitung bestimmte verhaltenstherapeutische Techniken zu erlernen, mit denen man sich davon lösen kann. Allerdings ist auch bei dieser Methode Geduld nötig, denn von heute auf morgen lassen sich (zwanghaft) immer wiederkehrende belastende Gedanken nicht wirksam unterbrechen.

Stimuluskontrolle

Dieses Verfahren eignet sich besonders für Patienten, die ihre Schlafumgebung innerlich nicht mit Ruhe und Entspannung, sondern mit diversen Aktivitäten verknüpfen. Häufig haben sie schlafstörende Gewohnheiten entwickelt und benutzen das Bett zum Essen, Lesen, Arbeiten oder Fernsehen. Das machen zwar viele Menschen, doch bei Schlafgestörten wirkt sich das meistens negativ aus: Sie erleben Bett und Schlafraum (unbewusst) als Reiz für Wachsein, nicht aber für den Schlaf.

Ziel der Stimuluskontrolle ist es, die häusliche Schlafumgebung wieder als einen Ort der Ruhe und Entspannung wahrzunehmen. Deshalb werden falsche Gewohnheiten abtrainiert und allmählich durch neue, schlaffördernde Verhaltensweisen ersetzt.

Regeln der Stimuluskontrolle

Diese Regeln wurden schon in den 70er Jahren von den US-amerikanischen Schlafexperten Bootzin und Nicassio erarbeitet:

- Gehen Sie erst zu Bett, wenn Sie glauben, einschlafen zu können.
- Benutzen Sie das Bett nur zum Schlafen. Es ist verboten, darin zu essen, zu lesen, Radio zu hören, fernzusehen, zu arbeiten oder zu grübeln. Einzige Ausnahme: sexuelle Aktivitäten.
- Wenn Sie nicht schlafen können, stehen Sie auf und verlassen Sie den Raum. Gehen Sie erst wieder schlafen, sobald Sie schläfrig sind. Stellt sich der Schlaf dennoch nicht ein, müssen Sie wieder aufstehen und den Prozess wiederholen, so oft es nötig ist. Das Ziel besteht darin, den Stimulus „Bett" mit schnellem Einschlafen zu verbinden.
- Stellen Sie den Wecker und stehen Sie morgens immer zur gleichen Zeit auf – unabhängig davon, wie gut oder schlecht Sie geschlafen haben. Dieses Verhalten fördert die Entstehung eines geregelten Schlaf-Wach-Rhythmus.
- Mittagschlaf und Tagesnickerchen sind verboten, damit der Schlafdruck auf die Nacht konzentriert wird.

Paradoxe Intention

Bei diesem Verfahren werden die Patienten angehalten, das genaue Gegenteil von dem zu üben, was sie erreichen möchten: Sie sollen so lange wie möglich wach bleiben und sich gegen die aufkommende Müdigkeit wehren. Die Methode wird also gezielt gegen den verzweifelten Wunsch gesetzt, den viele Schlafgestörte haben: möglichst bald einzuschlafen. Durch das Verbot zu schlafen, wird ihnen die Angst genommen, nicht schlafen zu können. Manchmal erhalten die Patienten zusätzlich die Anweisung, sich im Bett alle möglichen Gedanken und Probleme durch den Kopf gehen zu lassen und in den Therapiestunden darüber zu berichten. Weil sie den Schlaf nicht mehr mit allen Mitteln herbeizwingen wollen, schlafen einige von ihnen bei Anwendung dieser Methode unvermittelt und völlig problemlos ein.

Verflossene Nacht benahm ich mich tadellos. Ich vermochte lange nicht einzuschlafen, das heißt, die Augen fielen mir wohl immer zu, aber ich fand den Schlaf dennoch nicht. Ich lag ganz still da, fast wie eine Art Prinz in einem Kinostück, als umstehe mich eine Leibwache, die natürlich stets auf nichts so schaut wie auf den Anstand. Um wirklich einschlafen zu können, bemühte ich mich immer wieder, die Augen ganz groß zu öffnen. Auf einmal schlief ich fest. Um also einschlafen zu können, strenge man sich an, wach zu sein. Man strenge sich nicht an zu schlafen (...) Ich gebe Ihnen die vorzüglichen Ratschläge absolut kostenlos. Versuchen Sie, sie zu befolgen, nicht um der Folgsamkeit, sondern um Ihres Vergnügens und um Ihres Vorteils willen.

Aus: „Der Räuber" von Robert Walser

Schlafentzug

Wissenschaftliche Studien haben ergeben, dass Schlafentzug bei Menschen, die an einer Depression leiden, eine deutliche Stimmungsaufhellung und eine bessere Schlafregulation bewirken kann. Schlafentzug hat sich aber auch bei Patienten bewährt, die ein gestörtes Schlafprofil haben und schon relativ bald nach dem Einschlafen in die erste REM-Phase (→ Seite 29) kommen. Je nach Diagnose und Symptomatik erfolgt ein totaler oder partieller Schlafentzug, bei dem man erst ab zirka zwei Uhr morgens nicht mehr schlafen darf.

Kliniken wenden das Verfahren häufig im Rahmen einer Depressionsbehandlung an. Ein ambulanter Schlafentzug darf beim ersten Mal nur nach Absprache und unter Kontrolle des behandelnden Arztes oder Psychotherapeuten durchgeführt werden. Wenn man die Methode gut beherrscht und keine körperlichen oder seelischen Komplikationen dabei auftreten, kann man sie – je nach Bedarf – auch selbst einsetzen.

Akupunktur und Hypnose

In den Medien werden immer wieder Methoden angepriesen, die angeblich gegen Ein- und Durchschlafstörungen helfen. Sie reichen von exotischen Gewürzen und Pflanzen über bestimmte Diäten und Massagetechniken bis hin zu Magnetfeldtherapien und Wünschelruten. Doch die therapeutische Wirksamkeit dieser Mittel ist wissenschaftlich nicht (ausreichend) belegt.

Ärztlichen und psychologischen Beobachtungen zufolge sprechen manche Patienten jedoch gut auf eine Behandlung mit Akupunktur und Hypnose an. Allerdings gibt es auch bei diesen Therapien bislang keinen ausreichenden wissenschaftlichen Nachweis für ihre Wirksamkeit bei Schlafstörungen. Es spricht jedoch nichts dagegen, diese Methoden auszuprobieren – wenn die Behandlung von einem speziell dafür ausgebildeten Arzt beziehungsweise einem psychologischen Psychotherapeuten durchgeführt wird. Die Ursachen für Schlafstörungen wie zum Beispiel mangelnde Schlafhygiene oder ein falscher Umgang mit Stressoren werden jedoch weder durch Akupunktur noch durch Hypnose beseitigt.

Akupunktur

Die Akupunktur stammt aus China und ist dort seit über 2 000 Jahren fester Bestandteil der Medizin. Sie basiert auf der Vorstellung, dass das gesamte Universum von den polaren Kräften Yin und Yang beherrscht wird. Yin gilt dabei als Symbol für Kälte, Dunkelheit und Passivität, Yang verkörpert dagegen Wärme, Helligkeit und Aktivität. In einem gesunden Organismus sollen sich Yin (das weibliche, empfangende Prinzip) und Yang (das männliche, schöpferische Prinzip) in einem dynamischen Gleichgewicht befinden, die bei Gesundheitsstörungen jedoch aus der Balance geraten. Funktionelle Erkrankungen sind nach der chinesischen Heilkunde eine Störung des Gleichgewichts zwischen Yin und Yang. Durch die Reizung von Akupunkturpunkten soll der Gesundheitszustand positiv beeinflusst werden. Dabei geht man davon aus, dass die inneren Organe mit bestimmten Punkten der Körperoberfläche verbunden sind. Werden diese Punkte mit Akupunkturnadeln gereizt, soll dieser Reiz an die entsprechenden Organe weitergeleitet werden und dort eine heilsame Wirkung entfalten. Die Punkte befinden sich an Verbindungslinien, den so genannten Meridianen, die einen besonderen Bezug zu einem bestimmten Organ haben. Insgesamt geht man von 14 wichtigen Meridianen aus, an denen über 300 klassische Akupunkturpunkte liegen.

Ein entspannender und schlafanstoßender Effekt soll durch die Nadelung bestimmter Punkte erzielt werden, deren Reizung sich beruhigend auf Körper und Seele auswirkt.

Haben drei bis fünf Sitzungen keinen spürbaren Erfolg gebracht, sollte man die Behandlung abbrechen.

Worauf zu achten ist

- Um einen Kollaps zu verhindern, sollten die Patienten im Liegen behandelt werden.
- Der Gebrauch von Einmalnadeln oder von korrekt sterilisierten Mehrfachnadeln sollte selbstverständlich sein, um Infektionsrisiken zu vermeiden.
- Treten Entzündungen rund um die Nadelungspunkte auf – was bei sachgerechter Behandlung allerdings kaum vorkommt –, darf nicht akupunktiert werden.
- Bei Tumorschmerzen und schweren neurologischen Erkrankungen sollte keine Akupunktur durchgeführt werden.

In Deutschland gehört Akupunktur nicht zu den Regelleistungen der gesetzlichen Krankenkassen. Einige Kassen übernehmen im Rahmen eines Modellversuchs die Kosten – im Allgemeinen jedoch nur bei chronischen Schmerzerkrankungen. Bei privaten Versicherungen ist die Kostenübernahme vom vertraglich vereinbarten Tarif abhängig. In Österreich gilt die Nadelakupunktur zwar grundsätzlich als anerkannte Heilmethode, es gibt jedoch nicht überall Kassenverträge. Dies bedeutet vielfach, dass die Leistung privat gezahlt werden muss und der Patient im Nachhinein einen Teil des Aufwands von seiner Kasse ersetzt bekommt.

Adressen von Ärzten, die Akupunktur anwenden, erhält man (gegen einen frankierten DIN-A-5 Rückumschlag) bei der

Deutschen Ärztegesellschaft für Akupunktur
Würmtalstraße 54
81375 München

Tel. 0 89/7 10 05 11
www.daegfa.de

In Österreich wendet man sich an die

Österreichische Gesellschaft für Akupunktur
Kaiserin Elisabeth Spital
Hügelgasse 1–3
1150 Wien

Tel. 01/9 81 04-262
www.akupunktur.at

Für eine Therapie mit Akupunktur sind gründliche Kenntnisse der Anatomie sowie eine Untersuchung und eindeutige Diagnose erforderlich. Deshalb sollte man sich nur von einem erfahrenen Arzt behandeln lassen.

Hypnose

Die Hypnose wurde bereits im Altertum bei der Behandlung verschiedener Gesundheitsstörungen angewendet. Es handelt sich dabei um ein suggestives Verfahren, mit dem man sich selbst oder Dritte in einen schlafähnlichen Zustand versetzen kann. In der Therapie geschieht das durch bestimmte Leitsätze wie zum Beispiel: „Sie sind ganz ruhig und entspannt" oder „Sie schlafen jetzt". In diesem tranceähnlichen Zustand, der zwischen Wachsein und Schlaf liegt, ist das Bewusstsein verändert – man wird aufnahmefähig für den Willen des Hypnotiseurs. Bei manchen Menschen ist die Wirkung so stark, dass ihre körperliche und seelische Verfassung deutlich beeinflusst wird. Aus Untersuchungen geht hervor, dass sich während einer erfolgreichen Hypnosesitzung – ähnlich wie im Schlaf – Atem, Blutdruck, Herzfrequenz und das vegetative Nervensystem normalisieren.

Psychotherapeutischen Beobachtungen zufolge kann Hypnose unter anderem bei Schlafstörungen, Angst, Unruhe und Nervosität hilfreich sein und dazu beitragen, dass die Symptome deutlich zurückgehen. Allerdings sprechen längst nicht alle Menschen auf das Verfahren an. Darüber hinaus lässt die Wirkung oftmals nach einiger Zeit nach. Eine wesentliche Voraussetzung für den Behandlungserfolg ist, dass die Patienten tiefes Vertrauen zu ihrem Therapeuten entwickeln können.

Während der Therapiesitzungen liegt man meist bequem auf einer Couch und fixiert einen bestimmten Gegenstand, zum Beispiel ein Bild, eine Lampe oder eine Kerze. Dabei suggeriert der Therapeut mit ruhiger Stimme Gefühle wie Schwere, Ruhe und Ermüdung, sodass man unwillkürlich die Augen schließt und sich allmählich innere Ruhe und Entspannung einstellen. Währenddessen spricht der Therapeut dann die Symptome des Patienten an und versucht, in dessen Unbewusstem heilsame Formeln zu verankern. Bei Schlafgestörten kann das zum Beispiel der Satz sein: „Abends um zehn werde ich müde und schlafe ein." Die Formeln werden über die Sitzungen hinweg so lange eingeübt, bis man die Botschaft verinnerlicht hat und die Beschwerden nachlassen oder ganz verschwinden.

Worauf zu achten ist

Hypnose sollte nicht bei psychischen Erkrankungen und bei sehr labilen Menschen durchgeführt werden. Wer sehr passiv und entscheidungsschwach ist, kann eine Abhängigkeit von der Hypnosetherapie entwickeln. Außerdem besteht bei zu häufigen Sitzungen die Gefahr, dass die Schwelle gegenüber Fremdsuggestion generell herabgesetzt wird und man beispielsweise Versprechen der Werbung unkritischer als sonst begegnet.

Grundsätzlich sollte man sich nur von Psychologen (oder Ärzten) behandeln lassen. In Deutschland übernehmen viele Krankenkassen die Kosten der Therapie, wenn sie auf ärztliche Verordnung von einem Psychologen durchgeführt wird, der eine Zusatzausbildung für Hypnose absolviert hat. In Österreich kommen die Kassen für die Kosten dieser Therapie nicht auf.

Adressen von Psychologen, die Hypnose anwenden, erhalten Sie (gegen einen frankierten DIN-A5-Rückumschlag) beim

Berufsverband Deutscher Psychologen
Landesgruppe Bayern
Jägerstraße 3
85757 Karlsfeld
Tel. 0 81 31/50 56 33

In Österreich wendet man sich an:

Milton Erickson Gesellschaft für klinische Hypnose
Kupelwiesergasse 16/2
1130 Wien

Tel. 01/8 76 66 69
www.hypno-mega.at/

Verein für ambulante Psychotherapie
Möllwaldplatz 4
1040 Wien

Tel. 01/4 02 56 96
(Telefonische Auskunft: Mo. 15–17 Uhr, Di. 9–12 Uhr, Do. 10–12 und 14–6 Uhr, Fr. 9–11.30 Uhr).

Die Behandlung der übermäßigen Tagesschläfrigkeit

Übermäßige Schläfrigkeit und unwillkürliche Schlafattacken während des Tages dürfen nicht auf die leichte Schulter genommen werden. Sie müssen unbedingt ärztlich untersucht werden, weil sich dahinter ernsthafte Erkrankungen verbergen können wie zum Beispiel eine Schlafapnoe (→ Seite 68) oder eine Narkolepsie (→ Seite 68), die einer gezielten fachärztlichen Therapie bedürfen.

Begeben Sie sich umgehend in Behandlung, wenn Sie trotz ausreichenden Nachtschlafs

- tagsüber häufig extrem müde werden und sich nur mit größter Mühe wach halten können,
- den Eindruck haben (oder von anderen darauf aufmerksam gemacht werden), dass Sie mehrmals täglich für ein paar Sekunden oder Minuten ungewollt einnicken,
- am Tag regelrecht von Schlafattacken überwältigt werden und innerhalb weniger Minuten einschlafen – ob am Arbeitsplatz, in privater Umgebung oder gar am Steuer.

Es spricht nichts dagegen, zuerst den Hausarzt aufzusuchen, der jedoch beim Verdacht auf Schlafapnoe oder Narkolepsie eine Überweisung an den jeweiligen Facharzt oder direkt an ein schlafmedizinisches Zentrum veranlassen sollte. Tut er es nicht, ist es ratsam, selbst die Initiative zu übernehmen.

Schlafapnoen

Lautes Schnarchen, Atemstillstände im Schlaf und übermäßige Tagesschläfrigkeit sind ein deutlicher Hinweis auf eine Schlafapnoe. Wer diese Symptome an sich selbst beobachtet hat oder von anderen darauf aufmerksam gemacht wurde, sollte unverzüglich einen Hals-Nasen-Ohren- oder einen Lungenfacharzt aufsuchen. Diese Ärzte erforschen die Ursachen, überprüfen, ob möglicherweise eine behinderte Nasenatmung vorliegt oder ob es Engstellen der Atemwege gibt. Falls erforderlich, geben sie den Patienten ein kleines tragbares Gerät mit nach Hause, das im Schlaf mit einem EKG (Elektrokardiogramm) die Herzfrequenz aufzeichnet, mit einem Mikrofon die Schnarchgeräusche aufnimmt und mit Hilfe eines Fingerfühlers durch die Haut den Sauerstoffgehalt im Blut misst. Lässt sich danach noch keine sichere Diagnose stellen, sind weitere Untersuchungen im Schlaflabor (→ Seite 135) erforderlich.

Wird eine Schlafapnoe rechtzeitig erkannt und behandelt, können gravierende Folgeerkrankungen und Begleiterscheinungen wie zum Beispiel hoher Blutdruck, Herzrhythmusstörungen, Konzentrationseinbußen und Schlafattacken verhindert werden.

Die folgenden Maßnahmen sind eine wichtige Ergänzung der ärztlichen Behandlung:

- Achten Sie auf ein gesundes Körpergewicht. Bei Übergewicht sollten Sie abnehmen. Dabei wird auch der Halsumfang geringer und die Fettpolster im Hals-Rachenbereich, die die Atmung behindern, verschwinden.
- Ernähren Sie sich fettarm, ausgewogen und essen Sie abends nicht zu spät (→ Seite 97).
- Gewöhnen Sie sich das Rauchen ab.
- Verzichten Sie abends auf Alkohol, denn er lässt die Muskeln erschlaffen und fördert so das Schnarchen.
- Treiben Sie regelmäßig Sport (→ Seite 99). Lassen Sie sich spezielle Gymnastikübungen zeigen, die die Halsmuskulatur kräftigen.
- Nehmen Sie keine dämpfenden, beruhigenden und schlaffördernden Medikamente ein. Durch diese Substanzen können sich die Atempausen während des Schlafes drastisch verlängern.
- Sorgen Sie im Schlafzimmer für gute Belüftung und angemessene Luftfeuchtigkeit (→ Seite 89).
- Meiden Sie beim Schlafen die Rückenlage, denn dabei wird die Zunge nach unten gezogen, und der Mund öffnet sich. Wenn es Ihnen nicht gelingt, auf der Seite zu schlafen, nähen Sie sich dicke Knöpfe in das Rückenteil Ihrer Schlafanzugjacke oder Ihres Nachthemds ein (wenn das nicht ausreicht, müssen Sie vielleicht sogar zu Tennisbällen greifen).
- Stellen Sie das Oberteil Ihres Bettes etwas höher. Das kann in manchen Fällen Abhilfe schaffen.

Nasenmasken

Führen die oben genannten allgemeinen Maßnahmen nicht zu dem gewünschten Erfolg, verordnen Fachärzte meist die so genannte nasale Ventilationstherapie. Die Patienten erhalten eine speziell auf sie abgestimmte Nasenmaske, die mit einem Beatmungsschlauch an ein Überdruckgerät angeschlossen ist. Dieses Gerät, das ungefähr die Größe eines Schuhkartons hat, erzeugt die ganze Nacht über einen kontinuierlichen Luftstrom, der in die Nase des Patienten gepustet wird. Dieser Luftstrom stemmt sich gegen die Weichteile und Muskeln des Rachens, hält dabei die oberen Atemwege frei und verhindert so die gefährlichen Atemstillstände im Schlaf.

Die nasale Überdruckbeatmung bewirkt bei der überwiegenden Mehrheit der Patienten eine deutliche Besserung der Symptome. Der Schlaf normalisiert sich, und die gefährlichen Folgeerscheinungen der Schlafapnoe werden verhindert.

Allerdings erfordert die Therapie ein hohes Maß an Geduld und Disziplin. Viele Menschen schrecken zunächst vor der Vorstellung zurück, für den Rest ihres Lebens nachts eine Nasenmaske tragen zu müssen. Andere beklagen zu laute Laufgeräusche der Geräte, die das Einschlafen erschweren. Die moderneren Geräte sind jedoch wesentlich geräuscharmer. Sie verursachen meist nur ein leises Surren, das ungefähr 30 Dezibel (dB) entspricht. Die Lautstärke ist allerdings vom eingestellten Druck abhängig und kann höher beziehungsweise niedriger sein. Auf jeden Fall sollte man sich vor dem Kauf ausgiebig im Fachhandel beraten lassen und auch die Laufgeräusche der Geräte testen. Außerdem müssen Maske und Luftdruckstärke individuell angepasst werden. Für ärztlich verordnete Beatmungsgeräte übernehmen nur die deutschen Krankenkassen die Kosten.

Weitere Behandlungsmethoden

Nasenmasken sind bei diagnostizierten Schlafapnoen das Mittel der ersten Wahl. Die Alternativen sind rar und längst nicht so gut untersucht. In manchen Fällen helfen Zahnspangen, die den Unterkiefer nachts nach vorne verlagern. Verfahren mit Laserstrahlen oder Radiowellen, die das Schnarchen beseitigen sollen, helfen, wenn überhaupt, nur bei normalem Schnarchen oder sehr schwachen Apnoe-Symptomen. Operationen, die der Stärkung der Zungenhaltemuskulatur dienen, oder bei denen die Zunge mit einem Faden gefesselt wird, steht man in der Schlafmedizin sehr kritisch gegenüber. Zudem beseitigen operative Eingriffe oftmals nur die Schlafgeräusche, nicht aber die Atemstillstände während des Schlafes.

Schlaffallsucht

Nach heutigem Stand der Wissenschaft ist die Schlaffallsucht (Narkolepsie) nicht heilbar. Allerdings wird die Lebenserwartung nicht durch die Erkrankung beeinträchtigt. Die Therapie richtet sich nach dem Leitsymptom und orientiert sich an der Lebenssituation der Patienten. Der Arzt muss das individuelle Behandlungsziel mit ihnen abstimmen, das aus einer Kombination medikamentöser und nichtmedikamentöser Verfahren bestehen sollte.

Eine wichtige Rolle spielt eine gesunde Lebensführung. Das bedeutet ausreichend körperliche Bewegung, Abbau von Übergewicht, mehrere über den Tag verteilte kleinere Mahlzeiten (→ Seite 97) sowie weitgehender Verzicht auf Alkohol. Darüber hinaus sollten Narkoleptiker auf regelmäßigen, ausreichenden Nachtschlaf achten und sich tagsüber bewusst mehrere Nickerchen von zirka 15 bis 20 Minuten gönnen, die in einem Schlafprotokoll notiert werden. Dieser wiederholte „Minischlaf" verringert den Schlafdruck während des restlichen Tages. Alle

Tätigkeiten, bei denen Tagesschläfrigkeit und Einschlafattacken gefährliche Folgen haben können, sind möglichst zu vermeiden. Dazu zählen Nacht- und Schichtarbeit, aber auch das Lenken von Fahrzeugen aller Art. Häufig ist eine Umschulung, manchmal auch eine vorzeitige Pensionierung notwendig.

Die medikamentöse Therapie richtet sich nach den individuellen Symptomen und Erfordernissen. Es werden hauptsächlich Weckmittel (Psychostimulanzien) wie zum Beispiel *Ritalin* eingesetzt. Gegen Schlaflähmungen oder anfallartige Muskelschwäche (Kataplexie, → Seite 70) haben sich bestimmte Gruppen von Antidepressiva bewährt. Bei einer Dauertherapie müssen regelmäßige Blutkontrollen und Untersuchungen des Herz-Kreislauf-Systems durchgeführt werden.

Die Behandlung von Störungen des Schlaf-Wach-Rhythmus

Wenn das Bedürfnis nach Schlaf zur falschen Zeit auftritt und deutlich von äußeren Zeitgebern wie Dunkelheit oder sozial üblichen Schlafzeiten abweicht, muss zunächst die Ursache der Rhythmusverschiebung geklärt werden.

In leichteren Fällen kann die allmähliche Gewöhnung an feste Schlaf- und Aufstehzeiten Abhilfe schaffen. Das wird am besten durch eine gute Tagesstrukturierung erreicht – mit regelmäßigen Mahlzeiten, viel Bewegung, vor allem aber mit schlafhygienischen Maßnahmen (→ Seite 104), die so lange eingeübt werden müssen, bis sie selbstverständlich geworden sind.

Lässt sich die Rhythmusstörung mit diesen Mitteln nicht korrigieren, ist eine gezielte Behandlung erforderlich. Tritt das Schlafbedürfnis schon am frühen Abend oder aber erst weit nach Mitternacht auf (→ Seite 71 f.), ist die so genannte chronobiologische Therapie das Mittel der ersten Wahl. Dabei lernt man, sich langsam wieder auf eine normale Schlafzeit umzustellen. Je nachdem, ob man zu früh oder zu spät einschläft, wird der Zeitpunkt des Zubettgehens langsam nach vorn beziehungsweise nach hinten verschoben. Der Umstellungsprozess vollzieht sich schrittweise und dauert so lange, bis die gewünschte Einschlafzeit erreicht ist.

Chronobiologische Therapien müssen unter fachlicher, das heißt unter ärztlicher oder psychotherapeutischer Anleitung durchgeführt werden. (Adressen von schlafmedizinischen Zentren, befinden sich auf Seite 167 ff. Sie können gegebenenfalls auch spezielle Verhaltenstherapeuten vermitteln).

Vorsicht beim Umgang mit psychisch wirksamen Arzneimitteln

Störungen des Schlaf-Wach-Rhythmus führen nach Beobachtung von Schlafexperten häufig zu schweren Einschlafproblemen, zu ausgeprägter Tagesmüdigkeit, manchmal zu regelrechten Erschöpfungszuständen. Fast immer sind Konzentration, Merkfähigkeit und Leistungsfähigkeit herabgesetzt. Negative berufliche und soziale Konsequenzen können die Folge sein: Kritik und Abmahnungen am Arbeitsplatz, Rückzug aus sozialen Kontakten oder die Reduzierung von Freizeitaktivitäten. Um dies zu vermeiden, greifen viele rhythmusgestörte Menschen häufig zu Schlaf- oder Weckmitteln. Manche nehmen abends dämpfende und morgens anregende Substanzen ein, um beruflichen und familiären Anforderungen zu entsprechen und nicht negativ aufzufallen. Auf diese Weise kann sich leicht eine Abhängigkeit von mehreren Psychodrogen, eine Polytoxikomanie, entwickeln. Außerdem muss beim zusätzlichen Konsum von Alkohol mit starken Wirkungssteigerungen der Medikamente gerechnet werden.

Schwere Störungen des Schlaf-Wach-Rhythmus dürfen grundsätzlich nicht auf eigene Faust therapiert werden, sondern bedürfen ärztlich beziehungsweise psychotherapeutisch gestützter Behandlung.

Wo die Sonne scheint, kommt der Arzt nicht hin.
Altes deutsches Sprichwort

Lichttherapie – eine gute Alternative

Schon in der Antike wusste man die heilende Kraft der Sonne zu schätzen. Bis heute gilt (mäßig dosierte) Sonneneinwirkung als heilsames Mittel zur Stärkung der Widerstandskraft. Unbestritten ist außerdem die wohltuende Wirkung des Sonnenlichts auf unser seelisches Befinden.

Die Erkenntnis, dass starkes Licht eine Steigerung des Antriebs und eine Verbesserung der Stimmung auslöst, führte zur Entwicklung der Lichttherapie. Sie hat sich insbesondere bei der Behandlung der Winterdepression (→ Seite 64) bewährt, aber auch bei älteren Menschen, die ein unregelmäßiges Schlaf-Wach-Muster haben.

Darüber hinaus zeigen inzwischen mehrere Befunde, dass sich sehr helle Lichtreize auch gut zur Therapie von Störungen des Schlaf-Wach-Rhythmus eignen. Dabei werden bei der verfrühten Schlafphase abends und bei der verspäteten Schlafphase morgens starke Lichtreize gesetzt, die die Rhythmusstörungen langsam korrigieren und die innere Uhr (→ Seite 12) wieder ins Gleichgewicht bringen.

Anwendung

Eine Lichttherapie kann sowohl auf ärztliche Verordnung als auch in Eigenregie durchgeführt werden. Die dafür geeigneten Lampen bestehen in der Regel aus Leuchtstoffröhren, die eine Lichtintensität von 2 500 bis 10 000 Lux abgeben (zum Vergleich: In Innenräumen sind Lichtstärken von 300 bis 500 Lux üblich, in hell erleuchteten Büros etwa 500 bis 1 000 Lux, 10 000 Lux entsprechen einem Zehntel der Helligkeit eines Sommertags). Das ausgesandte Lampenlicht ist weiß, ohne ultravioletten oder infraroten Anteil. Um die gewünschte Lichtdosis zu empfangen, muss der vom Hersteller angegebene Abstand genau eingehalten werden.

Die empfohlene Anwendungsdauer beträgt bei Lampen mit 2 500 Lux zwei Stunden, bei 10 000 Lux 30 bis 40 Minuten. Während dieser Zeit muss die Augenpartie dem Licht ausgesetzt sein und die Augen dürfen nicht geschlossen werden. Die Lampe sollte auf einen Tisch gestellt werden, sodass hin und wieder Licht in die Augen fällt, denn das Licht wird in erster Linie über die Netzhaut und nicht über die Haut aufgenommen. Das von den Lichtrezeptoren in der Retina empfangene Licht fördert die Ausschüttung bestimmter Botenstoffe und Hormone und trägt zur Regulation innerer biologischer Rhythmen (→ Seite 12) bei.

Obwohl sich in klinischen Studien meist schon innerhalb einer Woche eine deutliche Besserung der Beschwerden zeigte, sollte die Behandlung mindestens zwei Wochen dauern. Stellt sich danach keine Wirkung ein, kann entweder die tägliche Anwendungszeit verlängert werden oder es kann versucht werden, ob eine andere Tageszeit für die Behandlung günstiger ist.

Über den Langzeiteffekt liegen bislang noch keine Studien vor. Nach den Beobachtungen des schlafmedizinischen Zentrums der Universität Regensburg hält die Wirkung einer einwöchigen Lichttherapie bei rund einem Drittel der Patienten längere Zeit an, bei einem weiteren Drittel treten die Symptome nach einiger Zeit wieder auf, und bei einem weiteren Drittel ist die Langzeitreaktion nicht bekannt. Bei erneuten Beschwerden kann die Lichttherapie mehrfach – meist mit gutem Erfolg – wiederholt werden.

Unerwünschte Wirkungen sind kaum bekannt. In seltenen Fällen können vorübergehend Kopfschmerzen, Übelkeit, Gereiztheit oder Augenbrennen auftreten. Allerdings ist bei Patienten die abwechselnd an Depressionen und Manien leiden ein Umkippen von einer depressiven in eine manische Phase möglich.

Bislang gibt es für die Lichttherapie keine absoluten Gegenanzeigen. Bei allen Formen von Augenerkrankungen muss jedoch vorher der behandelnde Augenarzt konsultiert werden. Das gilt auch für Patienten, die Arzneimittelsubstanzen einnehmen, die die Sensibilität des Auges auf Licht erhöhen können (zum Beispiel Mittel bei hohem Blutdruck wie Propanolol, Mittel bei Herzrythmusstörungen wie Amiodaron, harntreibende Mittel wie Hydrochlorotiazid und Mittel bei Depressionen wie Imipramin und Fluoxetin). Sicherheitshalber sollten auch gesunde Menschen vor dem Beginn einer Lichttherapie eine Augenuntersuchung durchführen lassen. Außerdem ist es ratsam, unmittelbar vor und während einer Lichttherapie Präparate zu meiden, die Johanniskraut enthalten, da diese eine erhöhte Lichtempfindlichkeit der Haut (Photosensibilisierung) auslösen können.

In Deutschland entscheiden die Krankenkassen je nach Einzelfallprüfung, ob und in welcher Höhe ein Teil der Lampenkosten (es gibt im Handel Lampen ab 330 Euro aufwärts) übernommen wird. Es gibt keinen verbindlichen Anspruch auf Kostenübernahme. In Österreich werden zwar die Kosten einer Behandlung mit Lampen etwa in Spitälern oder Ambulatorien übernommen, Zuschüsse für den Ankauf von Lampen für den häuslichen Gebrauch gibt es jedoch nicht.

Man kann die Lampen direkt von den Herstellern oder über den Sanitätshandel beziehen. Es sollten aber nur Lampen eingesetzt werden, die bestimmte Anforderungen erfüllen. So dürfen zum Beispiel keine Lampen mit UV-Anteil verwendet werden, da dieser therapeutisch nicht notwendig ist und Risiken für Haut und Augen birgt.

Weitere Hinweise zur Lichttherapie sowie Adressen von Herstellern geeigneter Fabrikate gibt die Deutsche Akademie für Gesundheit und Schlaf (DAGS, → Seite 173). Im Internet gibt es Informationen unter: **www.schlaf-medizin.de**

Die Behandlung schlafgebundener Störungen

Parasomnien treten häufig in Zeiten starker seelischer Belastungen auf. Ihre Behandlung richtet sich nach der jeweiligen Ursache der Beschwerden.

Albträume

Albträume sind in der Regel auf Stress und Überforderungen in Beruf, Familie oder Partnerschaft zurückzuführen. Kehren sie immer wieder, sollten die Ursachen für die Belastung erforscht und ein anderer Umgang mit Stressoren erlernt werden. Dabei helfen Entspannungs- und gezielte Stressbewältigungsverfahren (→ Seite 103 und 100). Reichen diese Maßnahmen nicht aus, kann eine Psychotherapie notwendig sein. Psychisch wirksame Arzneimittel wie Beruhigungs- und Schlafmittel (→ Seite 127) sind dagegen nicht zur Therapie bei Albträumen geeignet.

Nächtliches Aufschrecken

Kommt nächtliches Aufschrecken nicht nur in einer vorübergehenden Krisensituation, sondern sehr oft vor, sollte man einen Arzt aufsuchen, um die Ursachen abzuklären. Häufiger „Nachtschreck" kann auf eine psychische Erkrankung hinweisen, die einer fachlichen Behandlung bedarf.

Schlafwandeln

Während das Schlafwandeln im Kindesalter kein Grund zur Sorge ist, ist im Erwachsenenalter unbedingt ein Arzt zurate zu ziehen. Denn „Somnambulismus" kann Ausdruck einer organischen Erkrankung sein. Psychopharmaka dürfen nur nach Absprache mit dem behandelnden Arzt eingenommen werden, da einige Substanzen das Schlafwandeln noch verstärken können.

Vorsicht: Schlafwandler dürfen nicht erschreckt werden!

Wenn Angehörige oder Mitbewohner zum Schlafwandeln neigen, ist es wichtig, abends Fenster, Haus- und Balkontüren gut zu verschließen, damit sie das Haus nicht verlassen können. Schlafwandler soll man nicht abrupt ansprechen oder wecken. Dann können sie leicht in Panik geraten oder sich aufgrund falscher Bewegungen verletzen. Am besten lenkt man sie leise und behutsam wieder zurück ins Schlafzimmer. In der Regel kehren sie aber von selbst wieder in ihr Bett zurück.

Anhang

Wie gestört ist mein Schlaf?

Eine erste Antwort auf diese Frage können Sie finden, wenn Sie den folgenden Fragebogen auswerten. Hierzu schreiben Sie sich die Punktzahlen Ihrer Antworten heraus und addieren sie entsprechend den Anweisungen. Ob tatsächlich eine Schlafstörung vorliegt, kann allerdings nur ein Arzt entscheiden.

A) Sind Sie abends vor dem Zubettgehen müde?

Ja, sehr	1	
Ja	0	
Nein	2	
Eher wach	4	

B) Wie lange brauchen Sie zum Einschlafen?

Ich schlafe sofort ein	0	
Länger als 10 Minuten	1	
Länger als 30 Minuten	4	

C) Können Sie nachts durchschlafen?

Ja	0	
Ich werde gelegentlich wach	1	
Ich liege lange Zeit wach	3	
Ich kann gar nicht mehr einschlafen	5	

D) Schnarchen Sie nachts?

Nein	0	
Ja	1	
Es wurden schon Atemstillstände beobachtet	5*)	

E) Werden Sie morgens zur gewünschten Zeit wach?

Viel zu früh (mehr als 60 Minuten)	3	
Etwas früher (bis 60 Minuten)	1	
Genau richtig	0	
Es fällt mir nicht leicht	2	
Es fällt mir sehr schwer	4	

F) Wann fühlen Sie sich nach dem Erwachen munter?

Sofort	0	
Nach 10 Minuten	1	
Nach dem Frühstück	2	
Erst gegen Mittag	4	

G) Im Tagesverlauf ...

... bin ich durchgehend fit	0	
... habe ich ein leichtes Mittagstief	1	
... habe ich ein deutliches Mittagstief	2	
... bin ich tagsüber häufig müde	3	
... schlafe ich gelegentlich ungewollt ein	5*)	
Summe		

Auswertung Schlafqualität

Zählen Sie bitte Ihre Punkte der Fragen A bis G zusammen:

1 bis 10 Punkte

Beträgt ihre Summe 10 oder weniger, haben Sie einen guten bis durchschnittlichen Schlaf.

11 bis 15 Punkte

Beträgt ihre Summe über 10, haben Sie einen gestörten Schlaf und vor allem falls Sie schon länger unter diesen Symptomen leiden, liegt der Verdacht auf eine behandlungsbedürftige Schlafstörung vor. Ob sicher eine Schlafstörung vorliegt, kann allerdings nur ein Arzt entscheiden.

Über 15 Punkte

Vor allem bei mehr als 15 Punkten sollten Sie Ihren Arzt aufsuchen, der Sie dann eventuell an einen Schlafspezialisten oder ein Schlafmedizinisches Zentrum überweist.

*) Haben Sie eine dieser beiden Fragen bei D oder G, die mit 5 Punkten bewertet wird, beantwortet, sollten Sie dringend einen Arzt oder ein Schlafmedizinisches Zentrum aufsuchen.

Quelle: *Prof. Dr. Dr. Jürgen Zulley, Schlafmedizinisches Zentrum der Universität Regensburg*

Fragebogen für Patienten der Schlafambulanz (Beispiel)

Schlafmedizinisches Zentrum
der Klinik und Poliklinik für Psychiatrie und Psychotherapie der Universität Regensburg
Universitätsstraße 84
93053 Regensburg

Name

Vorname

Straße

Wohnort

Tel. tagsüber abends

Fax

Krankenkasse

Wer hat veranlasst, dass Sie sich an unser Schlaflabor wenden?

- ☐ Selbst
- ☐ Angehörige
- ☐ Arzt/Klinik Name

Telefon

1. Persönliche Angaben

Persönliche Daten

Name

Vorname

Geburtsdatum Geschlecht

Größe Gewicht

Staatsangehörigkeit

Lebenssituation

- ☐ allein
- ☐ mit Partner/in
- ☐ mit Angehörigen
- ☐ in einer Wohngemeinschaft
- ☐ in einem Heim/einer Institution
- ☐ mit ☐ Personen in einem Haushalt

Fragebogen für Patienten der Schlafambulanz (Fortsetzung)

Familienstand

- ☐ ledig
- ☐ zusammenlebend mit Partner/in
- ☐ verheiratet
- ☐ getrennt lebend
- ☐ geschieden
- ☐ verwitwet

Beschäftigungsart

- ☐ Vollzeit
- ☐ Schichtdienst
- ☐ Militärdienst
- ☐ Teilzeit
- ☐ Rentner/in
- ☐ noch in der Ausbildung
- ☐ arbeitslos
- ☐ Hausfrau/mann

Kinder

Anzahl der Kinder ☐

Alter der Kinder ______

Ausbildung

Schulabschluss ______

Berufsausbildung ______

Ausgeübter Beruf ______

Arbeitszeit

Meine tägliche Arbeitszeit beträgt ☐ Stunden.

Fragebogen für Patienten der Schlafambulanz (Fortsetzung)

2. Ihr Schlaf-/Wachverhalten

Allgemeines Schlafverhalten		Stimmt	Stimmt nicht
1	Ich schlafe nachts zu wenig.		
2	Ich schlafe nachts zu viel.		
3	Mein Schlaf ist in anderer Umgebung oft besser als in meiner gewohnten Umgebung.		
4	Ich habe einen leichten, flachen Schlaf.		
5	Ich schlafe immer erst sehr spät ein.		
6	Ich gehe immer früh ins Bett zum schlafen.		
7	Wenn ich ausschlafen kann, wache ich spät auf.		
8	Ich habe Probleme meinen Schlaf/Wachrhythmus dem normalen 24-Stunden-Rhythmus anzupassen.		
9	Ich habe Probleme, morgens aufzustehen.		
10	Ich habe Probleme, nach dem „zu Bett gehen" einzuschlafen.		
11	Ich empfinde meinen Schlaf als nicht sehr erholsam.		
12	Ich fühle mich tagsüber meistens schläfrig.		
13	Ich gehe gewöhnlich zu sehr unterschiedlichen Zeiten ins Bett (z. B. Schichtarbeit).		
14	Beim Einschlafen gehen mir oft Gedanken durch den Kopf, die ich nicht abstellen kann.		
15	Beim Einschlafen fühle ich mich oft traurig und deprimiert.		
16	Beim Einschlafen bin ich oft ängstlich oder mache mir Sorgen.		
17	Beim Einschlafen stoße ich während des Schlafens mit dem Kopf rhythmisch gegen mein Kissen und/oder die Wand.		
18	Beim Einschlafen habe ich traumähnliche Bilder (Halluzinationen).		
19	Ich habe oft Angst, nicht einzuschlafen und am nächsten Tag nicht leistungsfähig zu sein.		
20	Ich habe in der Nacht oft Schmerzen und oder andere körperliche Unannehmlichkeiten.		
21	Ich habe Angst vor Dunkelheit.		
22	Ich habe oft Angst, schlafen zu gehen.		
23	Ich träume oft in der Nacht.		
24	Beim Einschlafen habe ich ruhelose Beine (ein schmerzhaftes, kribbelndes Gefühl in den Beinen).		

Fragebogen für Patienten der Schlafambulanz (Fortsetzung)

Einige Zeitangaben

25 Ich gehe in der Regel Werktags um ___ Uhr ins Bett.

26 Ich gehe am Wochenende oder im Urlaub gewöhnlich um ___ ins Bett.

27 Ich brauche in der Regel ___ Minuten um einzuschlafen, nachdem ich ins Bett gegangen bin.

28 Wie lange haben Sie Ihr Schlafproblem schon? Seit ___ Jahren und ___ Monaten.

29 Ich schlafe nachts gewöhnlich ___ Stunden.
(Rechnen Sie die Zeit, die Sie nachts wach sind, bitte nicht mit!)

30 Ich stehe werktags um ___ Uhr auf.

31 Wach und frisch fühle ich mich werktags um ___ Uhr.

32 Am Wochenende/im Urlaub wache ich gewöhnlich um ___ Uhr auf.

33 Am Wochenende/im Urlaub stehe ich gewöhnlich um ___ Uhr auf.

34 Ich brauche nach dem Aufstehen gewöhnlich ___ Stunden, bis ich mich richtig frisch fühle.

	Angaben über die Zeit während der Nacht	Stimmt	Stimmt nicht
35	Ich (oder mein(e) Partner/in) bemerkte oft, dass ich schnarche.	☐	☐
36	Ich (oder mein(e) Partner/in) bemerkte oft, dass ich während des Schlafes Atemaussetzer habe.	☐	☐
37	Ich (oder mein(e) Partner/in) bemerkte oft, dass ich mich im Schlaf aufrichte und Verschiedenes mache. (Z. B. an der Bettdecke zupfen.)	☐	☐
38	Ich wache oft in der Nacht davon auf, dass ich nach Luft ringe und nicht einatmen kann.	☐	☐
39	Ich habe in der Nacht öfter Erstickungsgefühle (z. B. Asthma).	☐	☐
40	Ich bemerke oft, dass ich nachts Herzklopfen habe oder mein Herz schnell und unregelmäßig schlägt.	☐	☐
41	Ich schwitze während der Nacht stark.	☐	☐
42	Ich spreche im Schlaf.	☐	☐
43	Ich knirsche im Schlaf mit den Zähnen.	☐	☐
44	Es kommt vor, dass ich im Schlaf aus dem Bett falle.	☐	☐
45	Ich mache im Schlaf wiegende und/oder schaukelnde Bewegungen oder wälze mich herum.	☐	☐
46	Es kommt vor, dass ich schreiend aufwache und verwirrt bin.	☐	☐
47	Ich habe einen tiefen, erholsamen Schlaf.	☐	☐
48	Beide Beine zucken oder bewegen sich im Schlaf.	☐	☐
49	Es kommt vor, dass ich einnässe.	☐	☐

Fragebogen für Patienten der Schlafambulanz (Fortsetzung)

		Stimmt	Stimmt nicht
50	Ich habe schon, während ich schlief, einen (epileptischen) Anfall gehabt.	☐	☐
51	Wenn ich nachts aufwache, fühle ich häufig, dass ich mich nicht bewegen kann.	☐	☐
52	Ich habe traumähnliche Bilder, wenn ich nachts aufwache, auch wenn mir bewusst ist, dass ich wach bin.	☐	☐

Mein Schlaf wird häufiger gestört durch:		Stimmt	Stimmt nicht
53	Nächtliche Kopfschmerzen.	☐	☐
54	Schmerzen im Nacken, Rücken, in Muskeln, Gelenken, Armen, und/oder Beinen.	☐	☐
55	Starke Herzschmerzen (Angina).	☐	☐
56	Andere Schmerzen in der Brust, im Bauch oder Unterleib (genitaler Bereich).	☐	☐
57	Ruhelose Beine.	☐	☐
58	Gedanken, die mir durch den Kopf gehen.	☐	☐
59	Sorgen um bestimmte Dinge.	☐	☐
60	Angst, nicht wieder einschlafen zu können, wenn ich nachts aufgewacht bin.	☐	☐
61	Traurigkeit und Depression.	☐	☐
62	Den Druck, auf die Toilette gehen zu müssen.	☐	☐
63	Hunger- und Durstgefühle.	☐	☐
64	Mein Schlaf wird häufig durch etwas anderes gestört. (Bitte versuchen Sie, es kurz zu beschreiben.)	☐	☐
65	Meine Schlafstörung zeigt sich für eine bestimmte Zeitdauer und wird immer wieder von Perioden ohne Schlafstörungen unterbrochen.	☐	☐

Fragebogen für Patienten der Schlafambulanz (Fortsetzung)

Ich litt als Kind unter:		Stimmt	Stimmt nicht
66	Müdigkeit am Tage.		
67	Bettnässen.		
68	Sprechen im Schlaf.		
69	Schlafwandeln.		
70	Albträumen.		
71	Nächtlichem Aufschrecken mit Angst und Verwirrung.		

Ich hatte als Kind vor der Pubertät:		Stimmt	Stimmt nicht
72	Ein- und Durchschlafstörungen.		
73	Anfälle während des Schlafes.		
74	Angst vor der Dunkelheit.		
75	Mit den Zähnen geknirscht		

Mein Schlaf wird häufiger bei Schlafbeginn und während der Nacht beeinträchtigt:		Stimmt	Stimmt nicht
76	Durch Störungen in der Umgebung. (Licht, Wärme, Hitze usw.)		
77	Durch Geräusche und Bewegungen meines Bettpartners.		
78	Dadurch, dass ich in einem fremden Bett schlafe.		
79	Durch Schichtarbeit und/oder Zeitzonenverschiebung.		
80	Durch andere Störungen. (Bitte versuchen Sie es kurz zu beschreiben.)		

Aufwachen in der Nacht

81 Ich wache in der Regel ___ mal in der Nacht auf.

82 Wenn ich nachts aufwache, ist dies eher in der ersten ☐ oder zweiten ☐ Nachthälfte der Fall. (Wachen Sie nachts in beiden Nachthälften auf, dann kreuzen Sie bitte beides an.)

Fragebogen für Patienten der Schlafambulanz (Fortsetzung)

	3. Tagesbefindlichkeit und Leistungsfähigkeit	Stimmt	Stimmt nicht
83	Ich bin tagsüber häufig müde und muss mich anstrengen wach zu bleiben.		
84	Ich leide oft an Erschöpfung und Lethargie, auch wenn ich nicht richtig müde bin.		
85	Ich halte werktags oder am Wochenende einen Kurz- oder Mittagsschlaf.		
86	Ich habe manchmal eine komplexe Handlung ausgeführt, ohne mich zu erinnern. (Z. B. Auto zu einem falschen Ort gefahren.)		
87	Ich habe am Tag oft Schmerzen und andere Beschwerden.		
88	Morgens, wenn ich nicht richtig wach werde, versuche ich oft vergeblich aufzuwachen.		
89	Es ist mir schon passiert, dass ich bei Ärger und/oder Freude eine Muskelschwäche erlebte. (Z. B. beim Witze erzählen oder Lachen).		
90	Ich schlafe am Tag plötzlich ein.		
91	Ich gähne häufig am Tag.		
92	Ich hatte bei der Arbeit und/oder beim Autofahren durch Müdigkeit oder Erschöpfung fast einen Unfall.		
92 a	Ich hatte bei der Arbeit und/oder beim Autofahren durch Müdigkeit oder Erschöpfung einen bzw. mehrere Unfälle.		
93	Ich bin in den letzten sechs Monaten bei bestimmten Gelegenheiten spontan eingeschlafen. Wenn dies auf Sie zutrifft, versuchen Sie bitte kurz zu beschreiben bei welchen Gelegenheiten (z. B. Fernsehen oder Kino) Sie eingeschlafen sind.		

	4. Allgemeine Befindlichkeiten/Lebenszufriedenheit	Stimmt	Stimmt nicht
94	Ich bin zufrieden mit meiner beruflichen Situation.		
95	Ich bin zufrieden mit meiner Freizeit und mit meinen sozialen Aktivitäten.		
96	Ich bin zufrieden mit meiner familiären Situation.		
97	Ich bin zufrieden mit meiner Liebesbeziehung.		
98	Ich bin zufrieden mit meinem Gesundheitszustand.		

Fragebogen für Patienten der Schlafambulanz (Fortsetzung)

		Stimmt	Stimmt nicht
99	Ich habe das Gefühl, dass mein sexuelles Interesse nachgelassen hat.	☐	☐
100	Ich bin nervös und unruhig.	☐	☐
101	Ich glaube, dass mein Gedächtnis in letzter Zeit schlechter geworden ist.	☐	☐
102	Ich kann mich nicht mehr so gut konzentrieren wie früher.	☐	☐
103	Ich war früher sehr unruhig (hyperaktiv).	☐	☐
104	Ich bin unzufrieden mit einem bisher noch nicht genannten Bereich meines Lebens. Wenn ja, mit welchem?	☐	☐

105 Ich fühle mich in letzter Zeit allgemein: (Bitte nur ein Kreuz machen.)

- ☐ sehr gut
- ☐ gut
- ☐ mittel
- ☐ schlecht
- ☐ sehr schlecht

106 Meine Leistungsfähigkeit ist am besten im: (Bitte nur ein Kreuz machen.)

- ☐ Frühling
- ☐ Sommer
- ☐ Herbst
- ☐ Winter

107 Am leistungsfähigsten fühle ich mich: (Bitte nur ein Kreuz machen.)

- ☐ morgens
- ☐ mittags
- ☐ nachmittags
- ☐ spätnachmittags
- ☐ abends

Fragebogen für Patienten der Schlafambulanz (Fortsetzung)

5. Krankheiten

108 Litten oder leiden Sie an einer der folgenden Krankheiten?

- ☐ Magen-Darmerkrankung
- ☐ Lebererkrankung
- ☐ Nierenerkrankung
- ☐ Erkrankung der Harnblase
- ☐ Tumore, Krebs
- ☐ Mandelentzündung
- ☐ Schilddrüsenentzündung
- ☐ Hautkrankheiten
- ☐ Zuckerkrankheit
- ☐ Herzerkrankung
- ☐ Asthma, Bronchitis, Lungenentzündung
- ☐ Allergie
- ☐ Neurologische Störungen
- ☐ Psychische Erkrankung
- ☐ Sonstige Krankheiten

109 Litten oder leiden Sie an einem der folgenden Symptome:

- ☐ Zittern
- ☐ Atemnot
- ☐ Niedriger Blutdruck
- ☐ Hoher Blutdruck
- ☐ Schmerzzustände (Rücken, Kopf, Glieder)

Fragebogen für Patienten der Schlafambulanz (Fortsetzung)

110 Für Frauen	Ja	Nein
Ist Ihre Periode regelmäßig?	☐	☐
Nehmen Sie hormonelle Verhütungsmittel?	☐	☐
Befinden Sie sich zurzeit in den Wechseljahren?	☐	☐
Haben Sie Beschwerden mit den Wechseljahren?	☐	☐

Wenn ja, welche?

111 Leidet jemand in Ihrer Familie (z. B. Vater, Mutter, Geschwister) an Schlafstörungen? (Wenn ja, geben Sie bitte an, welcher Angehörige unter den folgenden Störungen leidet oder litt.)

- ☐ Ein- und Durchschlafstörungen
- ☐ Müdigkeit am Tag
- ☐ Schnarchen oder Atemaussetzer in der Nacht
- ☐ Ruhelose Beine während der Nacht

	Ja	Nein
112 Haben Sie in den letzten zwei bis drei Jahren zugenommen?	☐	☐
113 Haben Sie in den letzten zwei bis drei Jahren abgenommen?	☐	☐

114 Wenn ja, geben Sie bitte das Gewicht an! ____ kg

115 Falls Ihre Eltern nicht mehr leben

Mein Vater starb an ____________ im Alter von ____ Jahren.

Meine Mutter starb an ____________ im Alter von ____ Jahren.

Fragebogen für Patienten der Schlafambulanz (Fortsetzung)

6. Mahlzeiten, Getränke, Tabak

		Ja	Nein
116	Um welche Uhrzeit nehmen Sie gewöhnlich Ihre Hauptmahlzeit ein? Um ___ Uhr.		
117	Trinken Sie Kaffee und/oder Cola?	☐	☐
	Wenn ja, wie viele Tassen tagsüber? ___ Tassen		
	Wenn ja, wie viele Tassen in der Nacht? ___ Tassen		
118	Trinken Sie Tee?	☐	☐
	Wenn ja, wie viele Tassen tagsüber? ___ Tassen		
	Wenn ja, wie viele Tassen in der Nacht? ___ Tassen		
119	Trinken Sie Bier und/oder Wein?	☐	☐
	Wenn ja, wie viele Gläser tagsüber? ___ Gläser		
	Wenn ja, wie viele Gläser abends oder nachts? ___ Gläser		
120	Trinken Sie hochprozentigen Alkohol?	☐	☐
	Wenn ja, wie viele Gläser tagsüber? ___ Gläser		
	Wenn ja, wie viele Gläser abends oder nachts? ___ Gläser		
121	Rauchen Sie?	☐	☐
	Ich rauche seit ___ Jahren.		
	Ich rauche ___ Zigaretten/ ___ Zigarren/ ___ Pfeifen.		
122	Nehmen Sie Medikamente ein? Wenn ja, welche? Bitte tragen Sie das Medikament, die Dosis und die Tageszeit der Einnahme ein.	☐	☐

Fragebogen für Patienten der Schlafambulanz (Fortsetzung)

7. Krankenhausaufenthalt, Schlaflabor Ja Nein

123 Waren Sie schon einmal in stationärer Behandlung im Krankenhaus? Wenn ja, tragen Sie Jahr, Name des Krankenhauses und Grund der Aufnahme ein.

Jahr Klinik

Grund

124 Sind Sie schon einmal in einem Schlaflabor untersucht worden? Wenn ja, wann und in welchem?

Jahr Klinik/Praxis

125 Wurden bei Ihnen schon einmal eine ambulante Atemuntersuchung im Schlaf gemacht (z. B. PolyMESAM, Apnoscreening, Somnocheck)? Wenn ja, wann und in welchem Schlaflabor/Praxis?

Jahr Klinik/Praxis

Quelle: *Prof. Dr. Dr. Jürgen Zulley, Schlafmedizinisches Zentrum der Universität Regensburg*

Adressen von Schlaflaboren

Stand September 2002; zwischenzeitliche Änderungen möglich

Schlaflabore in Deutschland

Schlaflabore der Deutschen Gesellschaft für Schlafmedizin (DGSM), die nach ihren Angaben Ein- und Durchschlafstörungen behandeln (nach Postleitzahlen geordnet).

Frau Dr. med. A. Bosse-Henck
Universitätsklinikum Leipzig
Medizinische Klinik u. Poliklinik I
Johannisallee 32
04103 Leipzig
Tel. 03 41/9 71 28 82
Fax 03 41/9 71 28 29

Dr. med. Bernd Langer
Martin-Luther-Universität Halle-Wittenberg
Klinik und Poliklinik für Psychiatrie
und Psychotherapie
Schlaflabor Julius-Kühn-Straße 7
06097 Halle/Saale
Tel. 03 45/5 57-45 81/-45 82
Fax 03 45/5 57-35 00

PD Dr. nat. Heidi Danker-Hopfe
Freie Universität Berlin
Interdisziplinäre Schlafambulanz der FU
Psychiatrische Klinik und Poliklinik
Eschenallee 3
14050 Berlin
Tel. 0 30/84 45-86 01
Fax 0 30/84 45-83 93
E-Mail: hhopfe@zedat.fu-berlin.de
www.medizin.fu-berlin.de/psyche/Klinik/

Dr. med. J. Kummer
Landesklinik Eberswalde
Schlaflabor
Oderberger Straße 8
16225 Eberswalde
Tel. 0 33 34/5 34 10
Fax 0 33 34/ 5 34 10

Dr. J. Hollandt
Medizinische Uni Lübeck
Psychiatrisches Schlaflabor
Ratzeburger Allee 160
23538 Lübeck
Tel. 04 51/5 00-0

Prof. Dr. med. J. Aldenhoff
Klinikum der Christian-Albrechts-Universität zu Kiel
Klinik für Psychiatrie und Psychotherapie
Schlaflabor
Niemannsweg 147
24105 Kiel
Tel. 04 31/5 97-26 64
Fax 04 31/5 97-25 68

OA Dr. R. Witte
Evangelisches Krankenhaus
Neurologische Klinik
Schlaflabor
26122 Oldenburg
Tel. 04 41/2 36-0/4 14
Fax 04 41/2 36-4 29

J. A. Wirth
Kreis- und Stadtkrankenhaus Alfeld
Institut für Schlafdiagnostik und Therapie
Landrat-Beushausen-Straße 26
31061 Alfeld
Tel. 0 51 81/70 77 75
Fax 0 51 81/2 68 70
E-Mail: jwirtha@aol.com

Prof. Dr. Clarenbach
Neurologische Klinik am Ev. Johannes Krankenhaus
Schildescher Straße 99
33611 Bielefeld
Tel. 05 21/8 01-45 91
Fax 05 21/8 01-45 52
E-Mail: peter-clarenbach@johanneswerk.de

Prof. Dr. med. R. E. Kolloch,
Dr. med. Markus Gernhold
Krankenanstalten Gilead gGmbH
Medizinische Klinik
Schlafmedizinisches Labor
Burgsteig 13
33617 Bielefeld
Tel. 05 21/1 44-51 64
Fax 05 21/1 44-20 74

Frau Dr. med. G. Reichert
Reha-Klinik Helenenquelle
Schlafmedizinisches Zentrum
Dr.-Born-Straße 7
34537 Bad Wildungen
Tel. 0 56 21/7 07-0
Fax 0 56 21/7 07-1 40

PD Dr. G. Mayer,
Dipl.-Psych. Eduard Leonhardt
Neurologische Klinik Hephata
Schimmelpfengstraße
34613 Schwalmstadt
Tel. 0 66 91/18-20 26
Fax 0 66 91/18-20 40
E-Mail: Schlaflabor.Treysa@t-online.de
www.Hephata.de

Dr. med. M. Hahn
Schlafmedizinisches Zentrum der Justus-Liebig-Universität Gießen
Paul-Meimberg-Straße 5
35392 Gießen
Tel. 06 41/99-4 25 73
Fax 06 41/99-4 25 29

Dr. Andrea Rodenbeck
Psychiatrische Klinik
Georg-August-Universität
Von-Siebold-Straße 5
37075 Göttingen
Tel. 05 51/39-67 61/-84 93/-84 84
Fax 05 51/39-38 87
E-Mail: scohrs@gwdg.de
www.gwdg.de/~ukyp/

Dr. med. G. Rockahr, Frau Dr. med. I. Ozminski
Kreiskrankenhaus Blankenburg gGmbH
Neurologische und Internistische Abteilung
Thiestraße 7–10
38889 Blankenburg
Tel. 0 39 44/96-23 53
Fax 0 39 44/96-22 22
E-Mail: neuro@kh-blankenburg.de

MR Dr. V. Lischka, Frau Dipl.-Psych. S. Feldmann
SALLUS gGmbH
Fachkrankenhaus für Psychiatrie und Neurologie
Neurologische Klinik – Schlaflabor
Kraepelinstraße 6
39599 Uchtspringe
Tel. 03 93 25/70-0
Fax 03 93 25/70-1 02

Prof. Dr. Jean Haan,
Dipl. Psych. G. Schulz, OA Kraus
Kliniken Maria Hilf GmbH
Neurologische Klinik
Schlafmedizinisches Zentrum
Südwall 27
41179 Mönchengladbach
Tel. 0 21 61/5 87-30 01
Fax 0 21 61/5 87-30 03
E-Mail: haanj@mariahilf.de
www.schlafmedizinischeszentrum.de

Prof. Dr. Jörg, Dr. Neukäter
Schlaflabor
Neurologische Klinik Univ./Herdecke
Klinikum Wuppertal
Heusnerstraße 40
42283 Wuppertal
Tel. 02 02/8 96-0
Fax 02 02/8 96-21 03
E-Mail: neukaet@klinikum-wuppertal.de

Prof. Dr. med. Fasshauer
Alexianer-Krankenhaus Krefeld
Krankenhaus für Psychiatrie und Neurologie
Oberdießemer Straße 136
47805 Krefeld
Tel. 0 21 51/34-6
Fax 0 21 51/34-70 12

Dipl. Psych. B. Paterok, Dr. T. Müller
Schlafmedizinisches Zentrum
Abteilung Psychologie
Psychosomatische Schlafambulanz
Fliednerstraße 21
48149 Münster
Tel. 02 51/8 33-41 96
Fax 02 51/8 33-41 43
E-Mail: muellert@psy.uni-muenster.de

Dr. M. Abele, PD Dr. U. Wüllner
Universitätsklinikum Bonn
Neurologische Klinik und Poliklinik
Schlaflabor
Sigmund-Freud-Straße 25
53105 Bonn
Tel. 02 28/2 87-57 14
Fax 02 28/2 87-50 24
E-Mail: mailto:neurologie@uni-bonn.de
www.meb.uni-bonn.de/neurologie

Dr. med. D. Schäfer
Institut für Schlafphysiologie
in Kooperation mit Prof. Dr. med. W. Greulich
Klinik Ambrock
Klinik für Neurologie
Ambrocker Weg 60
58091 Hagen
Tel. 0 23 31/9 74-0 /-3 60
Fax 0 23 31/9 74-3 64
E-Mail: ifs@klinik-ambrock.de
www.klinik-ambrock.de
www.ruhr-uni-bochum.de/afap

Dr. med. F. Fiegenbaum
Medizinische Klinik/Innere Medizin I
Allgemeine Innere/Kardiologie/Schlaflabor
Hugo-Fuchs-Allee 5
58644 Iserlohn
Tel. 0 23 71/2 12-2 60
Fax 0 23 71/2 12-2 56

Dr. Eva Liß-Koch
Klinikum der Joh. Wolfg. Goethe-Universität
Spezialambulanz für Schlaf- und Chronomedizin/
Schlaflabor
Heinrich-Hoffmann-Straße 10
60528 Frankfurt
Tel. 0 69/6301-5797
Fax 0 69/6301-4595
E-Mail: Schlaflabor@em-uni-Frankfurt.de

PD Dr. J. F. Desaga
Desaga Klinik
Schlafmedizinisches Labor
Nibelungenstraße 101
64678 Lindenfels
Tel. 0 62 55/304-110
Fax 0 62 55/304-213
E-Mail: schlaflabor@desaga.de
www.desaga.de

Prof. Emser
Caritas-Krankenhaus
Abteilung für Neurologie
Institut für Schlafstörungen und Schlafforschung
66763 Dillingen
Tel. 0 68 31/7 08-2 49
Fax 0 68 31/7 08-3 21
E-Mail: Prof.Emser@t-online.de
E-Mail: K.Wirtz@t-online.de

Dr. E. Stotz, Dr. Gündel
Landesklinik Nordschwarzwald
75365 Calw
Tel. 0 70 51/5 86-1
Fax 0 70 51/5 86-22 68

Dr. Weeß
Pfalzklinik Landeck
Interdisziplinäres Schlafzentrum
Weinstraße 100
76889 Klingenmünster
Tel. 0 63 49/9 00-21 19
Fax 0 63 49/9 00-21 29
E-Mail: Weess-Sleeplab-Landeck@t-online.de
www.home.t-online.de/home/
weess-sleeplab-landeck/index.htm

Prof. Dr. Riemann, Dr. Voderholzer
Abteilung für Psychiatrie und Psychotherapie der Universitätsklinik Freiburg
Hauptstraße 5
79104 Freiburg
Tel. 07 61/2 70-6919
Fax 07 61/2 70-65 67
E-Mail: DIETER_RIEMANN@
PSYALLG.UKL.UNI-FREIBURG.de
www.ukl.uni-freiburg.de/psych/allgemei/lab/
homede.htm

Dr. med. Fischer
Klinikum Innenstadt der LMU
Medizinische Klinik
Ziemssenstraße 1
80336 München
Tel. 0 89/51 60 23 30
Fax 0 89/51 60 49 05

Dr. C. Freyer
Klinikum Rosenheim
Medizinische Klinik I
Pettenkoferstraße 10
83022 Rosenheim
Tel. 0 80 31/36-31 46
Fax 0 80 31/36-49 20
E-Mail: Schlaflabor@kliro.de

Dr. med. M. Zeitelberger
Klinikum Ingolstadt
Zentrum für Psychiatrie und Psychotherapie
Schlaflabor
Krumenauerstraße 25
85049 Ingolstadt
Tel. 08 41/8 80-22 00

Dipl. Biol. Andreas Eger
Kreisklinik Indersdorf
Maroldstraße 45
Schlaflabor
85229 Markt Indersdorf
Tel. 0 81 36/9 39-0

Dipl. Psych. Marion Würth
Fachklinik Allgäu
Schlaflabor
Peter-Heel-Straße 29
87459 Pfronten
Tel. 0 83 63/6 91-2 11

Dr. R. Meyer
Schlafambulanz und Schlaflabor
Kopfklinikum Erlangen
Klinik für Psychiatrie und Psychotherapie
Schwabachanlage 6–10
91054 Erlangen
Tel. 0 91 31/85-3 41 40/3 48 63
Fax 0 91 31/85 365 92
www.psych.med.uni-erlangen.de/klinik/schlaflab/

Prof. Dr. J. Zulley , Prof. Dr. G. Hajak
Psychiatrische Universitätsklinik
Universitätsstraße 84
93042 Regensburg
Tel. 09 41/9 41-28 43
Fax 09 41/9 41-15 05
E-Mail: Juergen.Zulley@bkr-regensburg.de
www.schlaf-medizin.de/

PD Dr. C. J. Lauer
Klinik Angermühle
Abteilung für Schlafmedizin
Angermühle 8a/b
94469 Deggendorf
Tel. 09 91/3 70 55-60/61
Fax 09 91/3 70 55-97
E-Mail: cjlauer@degnet.de

Dipl.-Biol. Ruth Obermeier
Bezirkskrankenhaus Mainkofen
Psychiatrische Klinik
Abt. für Schlafmedizin
94469 Deggendorf
Tel. 0 99 31/87-3 51/-2 22
Fax 0 99 31/87-16 13 51
www.mainkofen.de

Prof. Dr. Hartmut Schulz
Klinik für Neurologie
Klinikum Erfurt GmbH
Nordhäuser Straße 74
99089 Erfurt
Tel. 03 61/7 81-64 61
Fax 03 61/7 81-21 32
E-Mail: hw.koelmel@klinikum-erfurt.de

Dr. I. Mäder
Zentralklinik Bad Berka GmbH
Klinik für Pneumologie
Zentrum für Schlafmedizin
Zentrum für Beatmungsentwöhnung,
Heim- und Langzeitbeatmung
Robert-Koch-Allee 9
99437 Bad Berka
Tel. 03 64 58/5 15 56
Fax 03 64 58/5 35 07
E-Mail: pne@zentralklinik-bad-berka.de
www.zentralklinik-bad-berka.de

Schlaflabore in Österreich

Universitätsklinik für Neurologie Innsbruck
OA Dr. B. Högl
6020 Innsbruck
Tel. 05 12/5 04 38 90

Öffentliches LKH Natters
Prim. Dr. H. Jamnig
In der Stille 20
6161 Natters
Tel. 05 12/54 08

Landesnervenklinik Graz
Prof. Dr. M. Walzl
Gemeinsamer Fachbereich Schlafmedizin
8053 Graz
Tel. 03 16/21 91 26 22

LKH Hörgas-Enzenbach
OA Dr. W. Mallin
Cardiopulmonales Schlaflabor
8112 Gratwein
Tel. 0 31 24/5 11 24

Landeskrankenhaus Leoben
Vordernberger Straße 42
8700 Leoben
Tel. 0 38 42/40 10

Landeskrankenhaus Grimmenstein
Hocheggerstraße 88
2840 Grimmenstein
Tel. 0 26 44/63 00

AKH Universitätsklinik für Neurologie
Prof. DDr. J. Zeitlhofer
Währinger Gürtel 18–20
1090 Wien
Tel. 01/4 04 00/31 24

AKH Universitätsklinik für Psychiatrie
Prof. Dr. B. Saletu
Währinger Gürtel 18–20
1090 Wien
Tel. 01/4 04 00/35 19

AKH Universitätsklinik für Kinder- und Jugendheilkunde
OA Dr. O. Ipsiroglu
Abteilung Neonatologie, angeborene Störungen und Intensivmedizin
Währinger Gürtel 18–20
1090 Wien
Tel. 01/4 04 00/30 92

AKH Universitätsklinik für Pulmologie
Währinger Gürtel 18–20
1090 Wien
Tel. 01/4 04 00

Pulmologisches Zentrum der Stadt Wien
OA Dr. G. Kapfhammer
2. Int. Abt.
Sanatoriumstraße2
1145 Wien
Tel. 01/9 10 60/4 26 60

Krankenhaus Lainz
Wolkersbergerstraße 1
1130 Wien
Tel. 01/8 01 10

Wilhelminenspital
Montleartstraße 37
1160 Wien
Tel. 01/4 91 50

Rudolfinerhaus
Prof. Dr. B. Saletu
Billrothstraße 78
1190 Wien
Tel. 01/3 60 36/62 03

KH der Elisabethinen
OA Dr. J. Bolitschek
Fadingerstraße 1
4010 Linz
Tel. 07 32/76 76/2 95

KH der Barmherzigen Schwestern v. Hl. Kreuz
OA Dr. Eckmayer
Grießkirchenerstraße 421
4600 Wels
Tel. 0 72 42/4 15-23 82

LKH Gmundnerberg
OA Dr. B. Baumgartner
4813 Altmünster
Tel. 0 76 12/8 88 11

LKH Villach
Dr. W. Fugger
9500 Villach
Tel. 0 42 42/2 08-24 78

Weitere Adressen

Österreich

Österreichische Gesellschaft für Schlafmedizin und Schlafforschung
OA Dr. B. Högl
Universitätsklinik für Neurologie Innsbruck
6020 Innsbruck
Tel. 05 12/5 04-38 90
www.schlafmedizin.at

Selbsthilfegruppe für Schlafapnoe/Atemstillstand
Hr. Gottfried Stockner
Knottingerstraße 13
8600 Bruck an der Mur
Tel. 06 64/4 31 91 16
E-Mail: shg@schlafapnoe.at

Österreichische Restless-Legs-Selbsthilfegruppe
Fr. Waltraud Moldaschl
Puchheimgasse 5
3860 Heidenreichstein
Tel. und Fax 0 28 62/5 37 19
Mobil: 06 64/2 63 31 00
E-Mail: w.moldaschl@gmx.at

Österreichische Narkolepsie Gesellschaft
Fr. Petra Hofer
Schillerstraße 16
5700 Zell am See
Tel. 0 65 42/7 44 16
E-Mail: familie.hofer@telering.at

Deutschland

Deutsche Akademie für Gesundheit und Schlaf (DAGS)
Universitätsstraße 84
93053 Regensburg
Tel. 09 41/9 42 82 71
Fax 09 41/9 41 15 05
E-Mail: info@dags.de
www.dags.de

Die DAGS ist eine Vereinigung führender Schlafforscher in Deutschland. Sie arbeitet eng mit der Deutschen Gesellschaft für Schlafforschung und Schlafmedizin zusammen. Ihr Ziel besteht insbesondere darin, wissenschaftlich fundierte Informationen aus Schlafforschung und Schlafmedizin der Öffentlichkeit zugänglich zu machen. Die DAGS erteilt Auskünfte über Behandlungsmöglichkeiten, verschickt Informationsmaterial, organisiert Informations- und Weiterbildungsveranstaltungen und vermittelt Referenten für Vorträge.

Deutsche Gesellschaft für Schlafforschung und Schlafmedizin (DGSM)
Hephata-Klinik
Schimmelpfengstraße 2
34613 Schwalmstadt-Treysa
Tel. 0 66 91/27 33
Fax 0 66 91/28 23
www.dgsm.de

Die DGSM ist eine wissenschaftliche Gesellschaft, die sich mit der Erforschung des Schlafes und seiner Störungen sowie mit der klinischen Diagnostik und Therapie von Schlaf-Wach-Störungen befasst.

Deutsche Narkolepsie-Gesellschaft (DNG)
Postfach 1107
42755 Haan
www.dng-ev.de

Deutsche Restless-Legs-Vereinigung
Schillerstraße 3a
80336 München
Tel. 0 89/ 55 02 88 80
Fax 0 89/ 55 02 88 81
www.restless-legs.org

Fachverband Schlafapnoe
Wurzerstraße 4a
53175 Bonn
Tel. 02 28/82 09 30
www.vdk.de/fachverband-schlafapnoe

Er gibt die Zeitschrift „Schlafapnoe" heraus (2,50 Euro inklusive Versand).

Schlafapnoe e.V.
Am Burgholz 6
42349 Wuppertal
Tel. 02 02/4 08 76 42
www.schlafapnoe-online.de

Der Verein vermittelt Adressen von Ärzten und Selbsthilfegruppen, berät telefonisch, donnerstags von 20 bis 21 Uhr, und verschickt gegen 5 Euro in Briefmarken einen Infobrief.

Weitere Internet-Adressen

www.schlaf-medizin.de

www.zaen.org
(Zentralverband der Ärzte für Naturheilverfahren)

Ausgewertete Quellen und Empfehlungen für weiterführende Literatur

Adam, Barbara; Geißler, Karlheinz;
Held, Martin (Hrsg.):
Die Nonstop-Gesellschaft und ihr Preis,
S. Hirzel Verlag,
Stuttgart, 1998

Blanc, Henri-Frédéric,
Im Reich des Schlafs:
Roman, Fischer Taschenbuch Verlag,
Frankfurt am Main, 1995

Blixen, Tanja:
Jenseits von Afrika,
Wilhelm Heyne Verlag,
München, 1986

Bollnow, Otto Friedrich:
Mensch und Raum,
W. Kohlhammer Verlag,
Stuttgart, 1963

Corazza, Verena; Daimler, Renate u. a.:
Kursbuch Gesundheit,
Verlag Kiepenheuer & Witsch,
Köln, 2001

Deutsche Gesellschaft für Schlafforschung
und Schlafmedizin, H. Schulz (Hrsg.):
Kompendium Schlafmedizin für Ausbildung,
Klinik und Praxis,
ecomed verlagsgesellschaft,
Landsberg/Lech, 2001

Eggebrecht, Harald:
Die Kunst des Nickerchens,
Herder Verlag,
Freiburg im Breisgau, 2002

Füller, Ingrid; Bastian, Till:
Wie behandle ich meinen Arzt?,
Ein Leitfaden für mündige Patienten,
Verlag Kiepenheuer & Witsch,
Köln, 2002

Glaubitz, Uta:
Jobs für Nachteulen,
Machen Sie Ihre Ausgeschlafenheit
zum Beruf,
Campus Verlag,
Frankfurt am Main, 2002

Hesse, Hermann:
„Schlaflose Nächte",
in: Die Kunst des Müßiggangs,
Suhrkamp Verlag,
Frankfurt am Main, 1973

Hirsch, Eike Christian:
Kopfsalat.
Spottreportagen für Besserwisser,
Hoffmann und Campe Verlag,
Hamburg, 1988

Kästner, Erich:
„Lob des Einschlafens",
in: Gesammelte Schriften für Erwachsene,
Bd. 1: Gedichte,
Droemersche Verlagsanstalt,
Th. Knaur Nachf.,
München/Zürich, 1969

Langbein, Kurt; Martin Hans-Peter;
Weiss, Hans:
Bittere Pillen,
Verlag Kiepenheuer & Witsch,
Köln, 76. ergänzte und korrigierte Auflage,
2002

Mann, Thomas:
Die Buddenbrooks,
S. Fischer Verlag,
Frankfurt, 1974

Müller, Tilmann; Paterok, Beate:
Schlaftraining,
Ein Therapiemanual zur Behandlung von
Schlafstörungen,
Hogrefe Verlag für Psychologie,
Göttingen, 1999

Onken, Julia:
Feuerzeichenfrau.
Ein Bericht über die Wechseljahre,
C.H. Beck'sche Verlagsbuchhandlung,
München, 1995

Rabenschlag, Ulrich:
So finden Kinder ihren Schlaf,
Informationen und Hilfen für Eltern,
Verlag Herder,
Freiburg im Breisgau, 2001

Roth, Eugen:
„Beim Einschlafen",
in: Sämtliche Menschen,
Carl Hanser Verlag,
München/Wien, 1983

Schneider, Robert:
Schlafes Bruder,
Deutscher Taschenbuch Verlag,
München, 1977

Schulz, Hartmut (Hrsg.):
Altern und Schlaf,
Verlag Hans Huber,
Bern, 1997

Stiftung Warentest,
mit Füller, Ingrid; Keller, Sabine:
50 und aufwärts,
Ein Begleitbuch für die zweite Lebenshälfte,
Berlin, 1999

Stiftung Warentest ,
mit Bopp, Annette; Herbst, Vera:
Handbuch Medikamente,
5. neu bearbeitete und erweiterte Auflage,
Berlin, 2001

Stolzenberger, Günter (Hrsg.):
Die Kunst des Schlafens,
Bett-Lektüre für Schläfer und solche,
die es werden wollen,
Insel Verlag,
Frankfurt am Main/Leipzig, 2000

Tucholsky, Kurt:
„Sie schläft",
in: Zwischen gestern und morgen,
Rowohlt Taschenbuch Verlag,
Reinbek bei Hamburg, 1976

Walser, Robert:
„Frau Wilke",
in: Der Spaziergang,
Diogenes Verlag,
Zürich, 1973

Walser, Robert:
Der Räuber,
Suhrkamp Verlag,
Frankfurt am Main, 1972

Zulley, Jürgen; Knab, Barbara:
Unsere Innere Uhr,
Natürliche Rhythmen nutzen und
der Non-Stop-Belastung
entgehen, Verlag Herder,
Freiburg im Breisgau, 2000

Zulley, Jürgen; Knab, Barbara:
Die kleine Schlafschule,
Tipps für eine gute Nacht,
Verlag Herder,
Freiburg im Breisgau, 2002

Die Zitate, deren Quellen im Text nicht genannt sind, stammen aus einer Sammlung von Professor Dr. Jürgen Zulley (siehe: **www.schlaf-medizin.de/anekdote.htm**)

Stichwortverzeichnis

Der *Kursivdruck* weist darauf hin, dass es sich um ein Medikament handelt.

Impressum

Herausgeber und Verlag
STIFTUNG WARENTEST
Lützowplatz 11–13
10785 Berlin
Tel. 0 30/26 31-0
Fax 0 30/26 31-27 27
www.stiftung-warentest.de

Vorstand
Dr. jur. Werner Brinkmann

Weitere Mitglieder der Geschäftsleitung
Hubertus Primus (Publikationen)
Prof. Dr. Carl-Heinz Moritz
(Dienstleistungen, Planung, Marketing)
Dr.-Ing. Peter Sieber (Warentests)

Mitherausgeber
Verein für Konsumenteninformation (VKI)
Mariahilfer Straße 81
1061 Wien
Postanschrift: 1061 Wien, Postfach 441
Tel. 01/588 770
Fax 01/588 77 74
E-Mail: konsument@vki.or.at
www.konsument.at

Geschäftsführung VKI
Dipl.-Ing. Hannes Spitalsky
Dr. Martin Prohaska

Autorin
Ingrid Füller

Lektorat
Uwe Meilahn (Leitung)
Ingrid Burghardt-Falke

Lektoratsassistenz
Heike Plank

Redaktion
Dr. Elisabeth Spanlang (VKI)

Redaktionelle Mitarbeit
Patricia Davis (VKI)

Fachmedizinische Beratung
Prof. Dr. Dr. Jürgen Zulley, Schlafmedizinisches Zentrum der Universität/Bezirksklinikum Regensburg
Univ.-Prof. Dr. Bernd Saletu, Universitätsklinik Wien
Dr. Gerda Saletu-Zyhlarz,
Universitätsklinik Wien

Arzneimittelberatung
Prof. Dr. rer. nat. Gerd Glaeske, Forschungseinheit Arzneimittelversorgungsforschung, Zentrum für Sozialpolitik (ZeS),
Universität Bremen

Fachliche Beratung
Hans-Peter Brix

Layout und Produktion
punkt 8, Berlin

Titel
Olaf Hartung, Karin Siemoneit
Fotos: Christopher Bissel/Getty Images,
Michael Haddenhorst/punkt 8, Berlin

Titel für Österreich
Erwin Haberl
Foto: Konsument-Archiv

Bildkonzept
punkt 8, Berlin
unter Verwendung von Fotografien
von Michael Haddenhorst, Berlin

Fotos
Schlafmedizinisches Zentrum
Regensburg (S. 135)

Verlagsherstellung
Rita Brosius
Christian Wagner
Kerstin Uhlig

Litho
C.R.I.S., Berlin

Druck
westermann druck GmbH, Braunschweig

Vertrieb
Zenit-Pressevertrieb, Stuttgart

Einzelbestellung in Deutschland
STIFTUNG WARENTEST
Vertrieb, Postfach 81 06 60
70523 Stuttgart
Tel. 0 180 5/00 24 67 (12 Cent pro Minute)
Fax: 0 180 5/00 24 68 (12 Cent pro Minute)

Einzelbestellung in Österreich
Verein für Konsumenteninformation (VKI)
Postfach 441
1061 Wien
Tel. 01/588 774
Fax 01/588 77 72
E-Mail: hpitsch@vki.or.at

Redaktionsschluss:
September 2002